HERMÍNIO SARGENTIM

Gramática Básica
LÍNGUA PORTUGUESA

ENSINO FUNDAMENTAL

Gramática Básica
© IBEP, 2018.

Presidente	Jorge A. M. Yunes
Diretor superintendente	Jorge Yunes
Diretora geral de produção e editorial	Beatriz Yunes Guarita
Diretor editorial	Antonio Nicolau Youssef
Gerente editorial	Sergio Alves
Editora	Sandra Almeida
Assistente editorial	Edson Yukio Nakashima
Coordenadora de preparação e revisão de texto	Marília Rodela Oliveira
Preparadores e revisores de texto	Irene Hikichi
	Nelson José de Camargo
	Sérgio Limolli
Coordenadora de arte	Sabrina Lotfi Hollo
Assistentes de Arte	Erica Mendonça Rodrigues
	Janaina C. M. da Costa
	Viviane Aragão
Coordenadora de iconografia	Maria do Céu Pires Passuelo
Assistente de iconografia	Jaqueline Spezia
Produtora editorial	Lisete Rotenberg Levinbook
Assistente de produção editorial	Antônio Tadeu Damiani
Colaboradora pedagógica	Maria Luísa Favre
Colaboradoras	Cecília Devus
	Márcia Elisa Rodrigues
Ilustrações	Cícero Soares
	Dawidson França
	Edilson Bilas
Capa	Departamento de Arte – IBEP
Editoração eletrônica e projeto gráfico	Figurativa Editorial

CIP-BRASIL. CATALOGAÇÃO NA PUBLICAÇÃO
SINDICATO NACIONAL DOS EDITORES DE LIVROS, RJ

S251

    Sargentim, Hermínio
       Gramática básica / Hermínio Sargentim. - 1. ed. - Barueri [SP] : IBEP, 2018.
       : il.   (Gramática básica)

       ISBN 978-85-342-4866-2 (aluno)
       ISBN 978-85-342-4867-9 (professor)

       1. Língua portuguesa - Gramática (Ensino fundamental). I. Título. II. Série.

18-51443   CDD: 372.6
                     CDU: 373.3.016:811.134.3'36

Vanessa Mafra Xavier Salgado - Bibliotecária - CRB-7/6644

27/07/2018   01/08/2018

1ª edição – São Paulo – 2018
todos os direitos reservados

Avenida Aruanã, nº 991 – Tamboré – Barueri/SP – CEP: 06460-010
(11) 2799-7799 (Grande São Paulo) – 0800.017.5678 (Demais cidades e estados)
www.ibep-nacional.com.br   editoras@ibep-nacional.com.br

Para Maria Délia,
a mulher com quem aprendi a viver
a gramática do amor.

Meu caro aluno,

Desde bebê, você vem aprendendo aos poucos a se comunicar usando a língua portuguesa. Quando você foi alfabetizado, seus conhecimentos aumentaram. Além de falar e ouvir, aprendeu a ler e a escrever.

Agora, irá conhecer a maneira como funciona essa língua, estudando a Gramática.

Com esse novo conhecimento, você poderá comunicar-se de forma mais eficiente.

Esse foi o nosso objetivo ao escrever este livro para você.

Com carinho,

O autor

Sumário

1 A sílaba

Lição	1	Letra e alfabeto	10
Lição	2	Ordem alfabética (1)	13
Lição	3	Ordem alfabética (2)	19
Lição	4	Fonema: vogal e consoante	24
Lição	5	Sílaba	26
Lição	6	Número de sílabas	29
Lição	7	Encontros consonantais	31
Lição	8	Dígrafo	35
Lição	9	Semivogal	39
Lição	10	Ditongo	41
Lição	11	Hiato e tritongo	45
Lição	12	Separação de sílabas	50
Lição	13	Sílaba tônica	55
Lição	14	Posição da sílaba tônica	58

2 Palavras

Lição	1	Substantivo	62
Lição	2	Substantivo próprio e comum	67
Lição	3	Substantivo primitivo e derivado	71
Lição	4	Substantivo simples e composto	78
Lição	5	Substantivo concreto e abstrato	81
Lição	6	Substantivo coletivo	87
Lição	7	Gênero do substantivo (1)	92
Lição	8	Gênero do substantivo (2)	99
Lição	9	Número do substantivo	105

Lição 10	Plural dos substantivos compostos	110
Lição 11	Grau do substantivo	116
Lição 12	Artigo	123
Lição 13	Adjetivo	127
Lição 14	Gênero e número do adjetivo	134
Lição 15	Concordância nominal	137
Lição 16	Grau comparativo	139
Lição 17	Grau superlativo	146
Lição 18	Adjetivo pátrio e locução adjetiva	152
Lição 19	Numeral	159
Lição 20	Pronome	163
Lição 21	Pronomes de tratamento	170
Lição 22	Pronomes pessoais retos e oblíquos	174
Lição 23	Classificação dos pronomes	180
Lição 24	Verbos	187
Lição 25	Pessoas do verbo	195
Lição 26	Tempos do verbo	201
Lição 27	Conjugações do verbo	205
Lição 28	Verbos regulares	208
Lição 29	Verbos irregulares	213
Lição 30	Verbos ter, haver, ser, estar	216
Lição 31	Advérbio	219
Lição 32	Preposição	225
Lição 33	Preposição e artigo	228
Lição 34	Conjunção	232
Lição 35	Interjeição	236
Lição 36	Revisão das classes gramaticais	241

3 A frase

Lição	1	Frase	250
Lição	2	Classificação da frase	254
Lição	3	Sujeito e predicado	258
Lição	4	Classificação do sujeito	262
Lição	5	Concordância verbal	266
Lição	6	Classificação do predicado	271
Lição	7	Predicado nominal	277
Lição	8	Predicado verbal	281
Lição	9	Revisão da frase	285

4 Sinais gráficos

Lição	1	Acento agudo e circunflexo	291
Lição	2	Acentuação gráfica (1)	294
Lição	3	Acentuação gráfica (2)	297
Lição	4	Acentuação gráfica (3)	301
Lição	5	Crase	305
Lição	6	Til	309
Lição	7	Cedilha/trema/hífen	311
Lição	8	Letra maiúscula	314
Lição	9	Ponto final, de interrogação, de exclamação	317
Lição	10	Vírgula	319
Lição	11	Travessão e dois-pontos	324
Lição	12	Aspas	328
Lição	13	Reticências	331

5 Ortografia

Lição 1	Grafia do H	335
Lição 2	Grafia do G/J	338
Lição 3	Grafia do S/Z	342
Lição 4	Grafia do X/CH	348
Lição 5	Grafia do C/Ç/SS/SC	352
Lição 6	Grafia junta e grafia separada	356
Lição 7	Emprego do por que / por quê / porque	359
Lição 8	Grafia de palavras terminadas por -em	362
Lição 9	Grafia de traz/atrás, mal/mau, mais/mas	365
Lição 10	Abreviaturas, símbolos e siglas	370

Dicionário gramatical 377

Bibliografia 388

A sílaba

Lição	1	Letra e alfabeto
Lição	2	Ordem alfabética (1)
Lição	3	Ordem alfabética (2)
Lição	4	Fonema: vogal e consoante
Lição	5	Sílaba
Lição	6	Número de sílabas
Lição	7	Encontros consonantais
Lição	8	Dígrafo
Lição	9	Semivogal
Lição	10	Ditongo
Lição	11	Hiato e tritongo
Lição	12	Separação de sílabas
Lição	13	Sílaba tônica
Lição	14	Posição da sílaba tônica

Letra e alfabeto

Para se comunicar por meio de palavras, você pode:

falar

ou

escrever

↓

↓

língua falada

língua escrita

Na **língua falada**, você usa **sons**:

Na **língua escrita**, você usa sinais gráficos que representam os sons. Esses sinais chamam-se **letras**.

Existem, na língua portuguesa, **vinte e seis letras**:

O conjunto das letras denomina-se **alfabeto**.

A SÍLABA

ATIVIDADES

1 As figuras mostram situações do dia a dia.

Em quais dessas situações as pessoas estão usando a língua falada para se comunicar?

Em quais delas estão usando a língua escrita? Anote nas linhas.

2 Una as letras do alfabeto e forme a palavra que representa a figura ao lado.

C	R	L	O	M	F
Á	N	V	S	R	H
X	D	P	T	S	E

11

A SÍLABA

3 Escreva o alfabeto maiúsculo nas linhas com bastante capricho e separando bem as letras.

4 Agora, faça o seguinte: passe lápis ou caneta colorida nas letras do alfabeto que você escreveu, usando uma cor para as vogais e outra para as consoantes.

5 Complete os degraus com a letra que vem antes e com a letra que vem depois.

B

D

G

I

6 Escreva:

a) a primeira letra do alfabeto:

b) a última letra do alfabeto:

c) a quinta letra do alfabeto:

d) a décima letra do alfabeto:

e) a décima terceira letra do alfabeto:

7 Escreva o alfabeto em ordem inversa:

12

Ordem alfabética (1)

Para pôr as palavras em ordem alfabética, você deve seguir algumas etapas.

1. Observar a primeira letra das palavras:

castelo
barrigudo
degrau
anão

2. Colocar, a seguir, essas letras na sequência do alfabeto:

anão
barrigudo
castelo
degrau

13

A SÍLABA

ATIVIDADES

  Complete a cantiga de roda, escrevendo nas linhas os nomes de cinco colegas de classe que iniciem com letras diferentes em ordem alfabética.

Se esta rua
Se esta rua fosse minha
Eu mandava
Eu mandava ladrilhar

Com pedrinhas
Com pedrinhas de brilhantes
Para

....

....

....

.... passar

A SÍLABA

 Ligue as cidades com um traço, fazendo um roteiro de viagem. Use como critério os nomes das cidades localizadas no mapa em ordem alfabética.

A SÍLABA

3 Nas fichas de uma biblioteca, aparece primeiro o sobrenome e depois o nome dos escritores.

Ajude a bibliotecária a organizar as fichas, escrevendo na linha os sobrenomes em ordem alfabética, seguidos dos nomes.

Jorge Amado
Cecília Meireles
Clarice Lispector
Manuel Bandeira
Érico Veríssimo
Guimarães Rosa
Rachel de Queiroz
Menotti del Picchia

A SÍLABA

 4 Os formandos vão ser chamados para receber o diploma pela ordem alfabética dos seus nomes.

Organize os nomes dos formandos em ordem alfabética. Escreva-os nas linhas.

1. _____
2. _____
3. _____
4. _____
5. _____
6. _____
7. _____
8. _____
9. _____
10. _____

5 Em que grupos as palavras não estão em ordem alfabética? Marque com um X.

( ) açúcar – chocolate – mágico – porta

( ) cocada – torre – marmelada – escada

( ) verde – goiabada – janela – casa

Que mudanças é preciso fazer para que todas as palavras dos três grupos fiquem em ordem alfabética? Mostre, escrevendo nas linhas.

_____
_____

17

A SÍLABA

6 No dicionário as palavras estão dispostas na sequência alfabética. Imagine que você tivesse que procurar no dicionário as palavras sublinhadas no texto a seguir. Em que sequência e como você procuraria?

Águas sujas

Ao apertarmos o botão da descarga em nossos banheiros, estamos devolvendo ao meio ambiente o que, de certa forma, pegamos dele, isto é, principalmente carbono, nitrogênio e fósforo que absorvemos através da comida, para que o nosso organismo possa realizar os processos que nos mantêm vivos.

Quando os nossos dejetos chegam à natureza, as bactérias se encarregam de degradá-los, reciclando esse material e devolvendo ao ecossistema os nutrientes inorgânicos (nitrogênio e fósforo) e o gás carbônico, que serão novamente usados pelos produtores primários (plantas, micro e macroalgas).

Ciência hoje das crianças, nº 77.

Ordem alfabética (2)

Para colocar as palavras em ordem alfabética:

Observe a **primeira** letra de cada palavra. Coloque, a seguir, essas letras na sequência do alfabeto.

Palavras desordenadas	Palavras ordenadas
gás	através
capaz	capaz
talvez	gás
através	invés
invés	talvez

Se as primeiras letras forem iguais, fixe-se nas **segundas**.

Palavras desordenadas	Palavras ordenadas
aviso	asa
atraso	atraso
asa	aviso
azedo	azedo

Se as duas primeiras letras forem iguais, observe as **terceiras**, e assim sucessivamente.

Palavras desordenadas	Palavras ordenadas
cílio	cicatriz
cicatriz	cílio
cinza	cimento
cimento	cinza

A SÍLABA

ATIVIDADES

 Numa agenda telefônica, as pessoas costumam anotar os nomes em ordem alfabética, junto com os endereços e os telefones.

Escreva os nomes de parentes ou amigos imagináveis que comecem com letras diferentes na agenda.

Anote o telefone e o endereço dessas pessoas.

Nome:_____
Endereço:_____
Telefone:_____

Nome:_____
Endereço:_____
Telefone:_____

A SÍLABA

 Passe lápis colorido na segunda letra destas palavras e organize-as em ordem alfabética.

p r a t a

p o t e

P a r a n á

p u r e z a

p l a n t a

p i m e n t a

1.
2.
3.
4.
5.
6.

 Leia estes grupos de palavras:

Grupo 1	Grupo 2	Grupo 3
manha	relógio	ferro
matar	relíquia	ferrugem
marido	relato	ferragem
máximo	relento	ferreiro
massagem	relutar	ferrinho

Como você faria para colocar as palavras de cada grupo em ordem alfabética? Que letra você observaria? Anote no quadro.

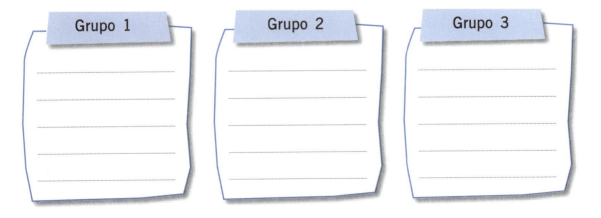

A SÍLABA

4 O carteiro precisa entregar as correspondências neste bairro. Ele resolveu fazer a entrega seguindo a ordem alfabética dos nomes das ruas. Que roteiro ele vai seguir? Anote nas linhas, escrevendo os nomes das ruas em ordem alfabética.

Que critério você usou para colocar os nomes em ordem alfabética?

5 Numa lista telefônica, aparecem os sobrenomes em ordem alfabética, seguidos dos nomes das pessoas.

Escreva estes nomes da maneira como devem aparecer na lista.

Ana Dias

Rui Paulo Duarte

Carlos Dutra

Luís Santos Delfino

Salete Dantas

Ivete Domenico

Regina Moraes Degani

Maria Donovani

6 Num dicionário, as palavras aparecem organizadas em ordem alfabética.

Abra o dicionário em uma página qualquer e copie dez palavras, na ordem em que aparecem nele.

4 Fonema: vogal e consoante

Quando você fala, produz som com a ajuda da boca, da língua, dos dentes, dos lábios, da garganta e de outros órgãos.

O som se forma com a saída do ar pela boca ou pelo nariz.

Quando o ar sai livre pela boca, o som recebe o nome de **vogal**.

As vogais: A E I O U

Quando o ar, ao sair pela boca, encontra um pequeno obstáculo, o som recebe o nome de **consoante**.

As consoantes: B C D F G H J L M N P Q R S T V X Z

O som que forma a vogal ou a consoante recebe o nome de **fonema**.

Fonema (som) **vogal** (saída livre do ar)
consoante (saída do ar com obstáculo)

As letras **k**, **w** e **y**, recentemente incorporadas ao nosso alfabeto, são usadas em português apenas na grafia de alguns nomes próprios, em palavras de origem estrangeira e em abreviaturas. Apresentam os seguintes sons.

K – Som de consoante: Kátia, Keila.

W – Som de consoante nas palavras de origem alemã: Walter, Wagner.
 Som de vogal nas palavras de origem inglesa: Wilson, show.

Y – Som de vogal: Ary, Yara.

A SÍLABA

ATIVIDADES

1 Nas linhas, dê dois exemplos de palavras que, na escrita, possuem o número de vogais e consoantes que se pede. Podem ser palavras que você conheça ou retiradas de algum texto de livro, jornal, revista...

a) duas consoantes e duas vogais: _____

b) três consoantes e três vogais: _____

c) quatro consoantes e duas vogais: _____

2 Forme palavras acrescentando consoantes:

_____ia	_____ua	_____ato
_____ia	_____ua	_____ato
_____ia	_____ua	_____ato
_____ia	_____ua	_____ato

3 Troque uma letra de cada vez e forme novas palavras:

BOI – BOA – SOA – VOA – VIA – TIA – TIO – FIO – FIM

a) MATO _____

b) CALO _____

c) COPO _____

d) GALO _____

25

Sílaba

Conversa

Quando um tatu
encontra outro tatu
tratam-se por tu:
– Como estás tu,
tatu?
– Eu estou bem e tu,
tatu?
Essa conversa gaguejada
ainda é mais engraçada:
– Como estás tu,
ta-ta, ta-ta,
tatu?

– Eu estou bem e tu
ta-ta, ta-ta,
tatu?
Digo isto para brincar
pois nunca vi
um ta-ta, ta-ta,
tatu gaguejar.

A televisão da bicharada,
Sidónio Muralha.

A SÍLABA

Leia atentamente a palavra **tatu**:

Ao pronunciar essa palavra, você juntou dois conjuntos de sons. Cada um desses conjuntos de sons recebe o nome de **sílaba**.

TA   TU

1   2

Sílaba é cada um dos conjuntos de sons que formam a palavra.

ATIVIDADES

1 **Em toda sílaba há sempre uma vogal:**

mágico : m **á** – g **i** – c **o**

Sublinhe as vogais e divida as palavras em sílabas:

amigo: ....

amarelo: ....

carpete: ....

casaco: ....

nariz: ....

laranja: ....

27

A SÍLABA

2 Você conhece esta cantiga de roda?

Capelinha de melão
É de São João
É de cravo, é de rosa
É de manjericão
São João está dormindo
Não ouve, não.
Acordai, acordai,
Acordai, João.

Capelinha de melão, João de Barros e Cidalberto Ribeiro.

a) Quantas palavras de uma sílaba há nessa cantiga? Escreva nas linhas. As palavras repetidas escreva uma vez só.

_____

b) Copie da cantiga outra palavra que tenha o mesmo número de sílabas destas palavras

rosa: _____

capelinha: _____

3 Forme seis palavras juntando as sílabas abaixo:

ME	NI	LO
CA	RE	NO
PA	BE	DE

28

Número de sílabas

A palavra é uma unidade que pode ser dividida em sílabas.

palavra   sílabas

As palavras podem ser formadas de:

- **uma** sílaba: Mar
- **duas** sílabas: sa po
- **três** sílabas: Mé di co
- **quatro** ou **mais** sílabas: Ma te má ti ca

De acordo com o número de sílabas, as palavras recebem nomes especiais.

Número de sílabas	Classificação	Palavra
uma sílaba	monossílaba	p**é**
duas sílabas	dissílaba	p**e**-so
três sílabas	trissílaba	pe-s**a**-do
quatro ou mais sílabas	polissílaba	pen-sa-m**e**n-to

A SÍLABA

ATIVIDADES

1) Copie de um livro, uma revista ou um jornal um pequeno texto, à sua escolha. Retire desse texto duas palavras com uma sílaba, com duas sílabas, com três sílabas, com quatro ou mais sílabas e escreva-as no quadro.

MONOSSÍLABA	DISSÍLABA	TRISSÍLABA	POLISSÍLABA

2) Leia atentamente o texto.

Caro Lucas,

A chuva, nesta manhã, lavou os campos. Ao abrir a janela, vi uma fita colorida abraçando o mundo. Tomei do arco-íris três cores para você: Verde, Amarelo e Azul.

Não sei se o carteiro vai descobrir meu presente. Estou lhe enviando o Brasil. Abra a carta e deixe a liberdade voar sobre nós.

Sua amiga,

Marta

Correspondência, Bartolomeu Queirós.

Classifique as palavras destacadas do texto quanto ao número de sílabas.

chuva: _____ manhã: _____

janela: _____ vi: _____

colorida: _____ três: _____

presente: _____ liberdade: _____

Brasil: _____ descobrir: _____

3) Construa uma frase:

a) só com palavras monossílabas: _____

b) só com palavras dissílabas: _____

c) só com palavras trissílabas: _____

30

Encontros consonantais

A cobra

Sem mãos e sem pés
esta cobra
é uma atleta.
O que ela mais quer
é andar de bicicleta.

Cada bicho seu capricho,
Marina Colasanti.

Encontro consonantal

Observe as consoantes destacadas nas palavras **cobra** e **bicicleta**:

Você pode notar o encontro de duas consoantes seguidas. Chama-se **encontro consonantal**.

> **Encontro consonantal** é a reunião de duas ou mais consoantes seguidas numa palavra.

31

A SÍLABA

Principais encontros consonantais

BL – **bl**oco	FL – **fl**or	PL – **pl**aneta
BR – **br**anco	FR – **fr**ancês	TL – a**tl**as
CL – **cl**aro	GL – in**gl**ês	TR – es**tr**ela
CR – **cr**avo	GR – **gr**ande	VR – pala**vr**a
DR – vi**dr**o	PR – **pr**oblema	

O encontro consonantal pode aparecer:

1. numa mesma sílaba:

   br – **br**an-co   **dr** – vi-**dr**o
   bl – **bl**o-co   **tr** – **tr**i-bo
   cr – **cr**i-an-ça   **vr** – pa-la-**vr**a

2. em sílabas separadas:

   di**g-n**o   ri**t-m**o   a**d-j**e-ti-vo

Observação As letras M e N podem:
1. representar um fonema: **m**ala – ca**m**ada – **n**ada – ca**n**eta
Nesse caso, são consoantes.
2. Indicar a nasalização da vogal: ca**m**po =/cãpo/; sa**n**to = /sãto/
Nesse caso, as letras M e N não formam encontro consonantal com a consoante seguinte.

ATIVIDADES

 1 Escreva no quadrinho o encontro consonantal de cada palavra:

Clóvis ....   Fraco ....   caprino ....

abraço ....   Graxa ....   flocos ....

metrô ....   Livro ....   iglu ....

drogaria ....   Creme ....   complicado ....

32

A SÍLABA

 Escreva palavras com os encontros consonantais:

cr ....   vr ....

tr ....   fl ....

fr ....   pr ....

dr ....   pl ....

gr ....   br ....

 Localize no caça-palavras dez nomes de profissão formados com encontros consonantais.

M	G	R	P	L	S	P	L	I	V	R	E	I	R	O	N	E
T	F	Ç	B	P	M	M	N	X	L	R	I	H	E	R	P	Ç
T	S	P	T	E	E	N	G	R	A	X	A	T	E	A	L	E
V	S	O	P	Z	T	O	M	R	L	Z	I	O	T	Z	P	O
P	L	M	E	R	R	P	T	S	L	M	E	R	G	P	L	V
P	L	A	N	T	O	N	I	S	T	A	E	R	S	A	T	I
E	S	B	T	U	V	R	L	Z	P	O	M	R	L	Z	I	D
D	Ç	R	P	I	I	E	E	B	T	U	I	R	B	A	G	R
R	T	Z	F	L	A	U	T	I	S	T	A	O	A	L	Ç	A
E	B	A	P	R	R	M	S	B	T	U	I	R	L	F	N	C
I	S	E	N	L	I	V	N	E	E	I	O	S	A	A	T	E
R	S	O	P	Z	O	O	M	R	L	Z	I	O	T	I	P	I
O	L	M	E	R	S	A	T	S	L	M	E	R	G	A	L	R
E	Q	Z	M	V	S	A	U	X	B	A	T	L	E	T	A	O
M	S	B	C	O	B	R	A	D	O	R	M	R	L	E	I	O

33

A SÍLABA

 Observe as palavras e responda às questões.

a) _____ A V O   _____ U M A

Quantas palavras diferentes você consegue formar preenchendo os espaços com encontros consonantais? Escreva nas linhas.

_____

_____

 Crie um caça-palavras como no exercício 3 em que as palavras a serem encontradas sejam nomes de profissionais nos quais apareçam encontros consonantais (exemplo: vidraceiro, alfaiate, etc.).

Escreva as palavras com letra de forma.

Os nomes podem estar na horizontal ou na vertical. Depois, troque o seu caça-palavras com um colega. Cada um deverá encontrar os nomes dos profissionais no caça-palavras.

Quando terminarem, reúnam-se e confiram se não faltou nenhum nome e se todos têm realmente encontros consonantais.

Dígrafo

Chuva choveu

Chuva choveu,
goteira pingou.
Pergunta ao menino
se o fogo pegou.
(...)
Chuva choveu,
goteira pingou.
Pergunta à mãe dele
se a cama molhou.

Chuva choveu, Maria da Graça Rios.

Observe as letras que formam a palavra **chuva** e a sua pronúncia:

letras: C H U V A

som: X U V A

Você pode constatar que as letras CH representam um único som. Recebem o nome de **dígrafo**.

Dígrafo é a reunião de duas letras representando um único som.

35

A SÍLABA

Principais dígrafos

CH – fi**ch**a
LH – coe**lh**o
NH – u**nh**a

RR – ca**rr**o
SS – pá**ss**aro

GU – **gu**erra
QU – **qu**erer
SC – de**sc**er
SÇ – de**sç**a
XC – e**xc**elente

Os grupos GU e QU só formam dígrafos quando o U não for pronunciado.

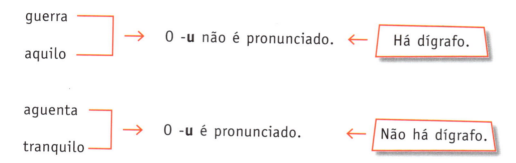

ATIVIDADES

 1 **Leia o texto com atenção:**

A humanidade é o conjunto de todos os povos que existem, ou seja, de todos os homens, mulheres e crianças que vivem neste mundo. São muitíssimos.

A última conta que eu vi dava perto de cinco bilhões. Estão divididos em países, ou nações, com seus territórios, seu jeito de viver e sua fala. Em alguns desses países vive mais de uma nação, como, por exemplo, os Bascos, oprimidos lá na Espanha, ou como os Guarani, aqui no Brasil, que lutam por ter seu pedacinho de terra e para poder viver lá, do seu próprio jeito, sem serem incomodados.

Noções de coisas, Darcy Ribeiro.

a) Sublinhe com lápis colorido as palavras do texto em que aparecem dígrafos.

b) Passe lápis de cor nos dígrafos.

A SÍLABA

 Vamos fazer uma brincadeira?

Forme um grupo com mais dois colegas. Tirem par ou ímpar ou joguem o dado para escolher quem começa. A brincadeira é assim:

- A pessoa que começa tem que falar (só em pensamento) as letras do alfabeto.
- Quando o primeiro disser "Pára!", a pessoa tem que dizer a letra do alfabeto em que parou.
- Cada um deve escrever, sem os outros verem, palavras começadas com a letra em que o colega parou que contenham dígrafos.
- Depois, escolham o outro que vai dizer, em pensamento, as letras do alfabeto e façam o mesmo. Se parar na mesma letra, comecem novamente.
- Quando todos tiverem falado as letras do alfabeto e escrito as palavras com dígrafos, confiram. Ganha o jogo quem tiver escrito mais palavras que contenham dígrafos.

3 Forme uma frase negativa com uma palavra que tenha um dígrafo.

Palavra

Frase:

A SÍLABA

4 **Forme uma frase exclamativa com uma palavra que tenha um encontro consonantal.**

Palavra

Frase: _____

5 **Isto é um desafio. Vejamos se você é capaz de vencê-lo. Pense e complete com:**

a) um substantivo simples, feminino, que tenha o dígrafo **lh**:

_____

b) um substantivo derivado que tenha o encontro consonantal **vr**:

_____

c) um adjetivo que tenha o dígrafo **rr**:

_____

d) um substantivo coletivo que tenha o encontro consonantal **fl**:

_____

6 **Marque:**

(1) para o dígrafo destacado;

(2) para o encontro consonantal destacado.

( ) **tr**abalho   ( ) ex**c**elente   ( ) **qu**is

( ) traba**lh**o   ( ) a**sc**ender   ( ) ex**c**ursão

( ) cego**nh**a   ( ) mo**sc**a   ( ) na**sc**eu

( ) a**ch**ado   ( ) **gu**erreiro   ( ) a**qu**ele

( ) meda**lh**a   ( ) gue**rr**eiro   ( ) ma**ss**a

Semivogal

Observe atentamente a pronúncia das palavras **pai** e **mau**:

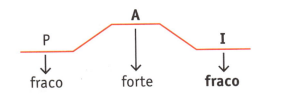
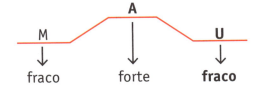

Você pode constatar que:

1. **-a** tem um som mais forte. É uma **vogal**;
2. **-i** e **-u** têm um som mais fraco e são pronunciados junto de uma vogal. Recebem o nome de **semivogal**.

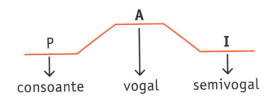
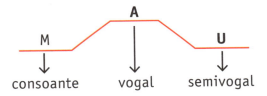

Semivogais são os fonemas -i e -u pronunciados junto de uma vogal.

Observação Quando não se apoiam na vogal e são a base da sílaba, os fonemas I e U são classificados como vogais.

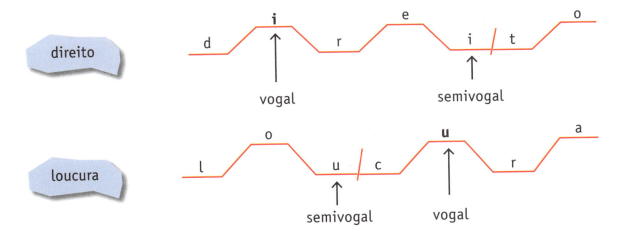

A SÍLABA

ATIVIDADES

1 Classifique os fonemas destacados de cada palavra em vogal ou semivogal.

m**eu**	-e _____		-u _____
pap**ai**	-a _____		-i _____
sa**ú**va	-a _____		-u _____
j**ei**to	-e _____		-i _____
sa**u**dade	-a _____		-u _____
sa**ú**de	-a _____		-u _____
ág**ua**	-u _____		-a _____

2 Leia o texto com atenção.

Era uma vez um mercador **russo** que **tinha** três **filhos**. Antes de morrer, ele **deu** aos **mais** velhos **dois** magníficos **navios** mercantes, mas para o **caçula restou** apenas um velho barco **usado**. Porém, como o jovem **Ivan** era **muito** trabalhador, **seus negócios** prosperaram rapidamente. O barco vivia repleto de **mercadorias** e logo Ivan **casou-se** com **uma** bela jovem que o acompanhava em suas viagens. Os irmãos **sentiram** inveja do caçula. Um deles **roubou**-lhe a esposa e o outro **tomou**-lhe o **dinheiro**. Por fim, tiraram de Ivan até mesmo sua embarcação e o lançaram ao mar.

Lá vem história outra vez, Heloísa Prieto.

Escreva no quadro as palavras destacadas do texto, de acordo com as indicações.

-i vogal	-i semivogal	-u vogal	-u semivogal

Ditongo

Observe as palavras:

BOI   e   ÁGUA

Em cada uma das sílabas que formam essa palavra, você pode encontrar uma **vogal** e uma **semivogal**.

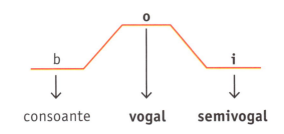

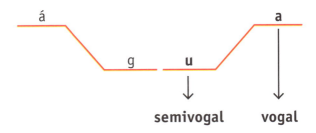

O encontro numa mesma sílaba de uma **vogal** e de uma **semivogal** denomina-se **ditongo.**

41

A SÍLABA

Veja a relação dos principais ditongos da língua portuguesa:

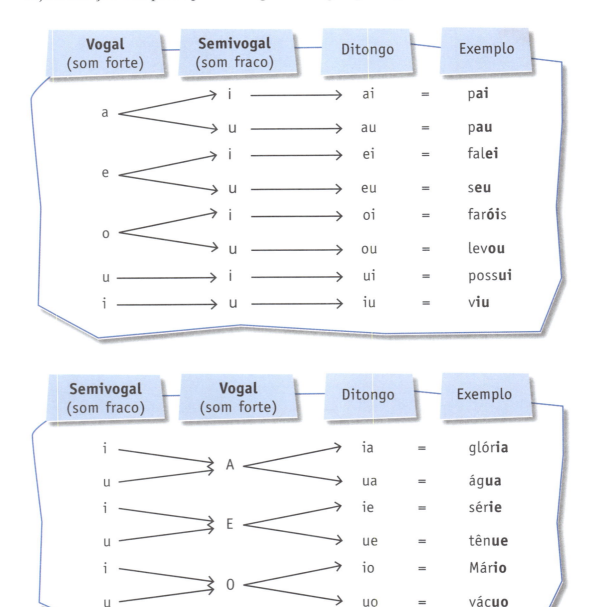

Ao se dividir uma palavra em sílabas, não se devem separar os ditongos.

Exemplos: saudade: s**au**-da-de
descobriu: des-co-br**iu**

A SÍLABA

ATIVIDADES

1) Passe lápis colorido nos ditongos.

> deixa   viu   muito   direito   abriu   poleiro   cauda   loucura   pediu

Escreva uma pequena história em que apareçam todas essas palavras. Depois, leia a história que você criou para os colegas de classe.

_____
_____
_____
_____
_____
_____
_____
_____

2) Copie de um jornal, revista, livro uma palavra em que apareçam estes ditongos.

EI _____   OI _____
IO _____   AO _____
UA _____   OU _____
IU _____   AI _____

3) Observe estas palavras e faça o que se pede.

re – pe – tiu   lín – gua   mei – go   pa – re – ceu
cau – le   his – tó – ria   he – rói   tro – féu

a) Passe lápis colorido nos ditongos.

A SÍLABA

4 Nas palavras abaixo, você encontra ditongo. Separe as sílabas.

meigo _____   queimou _____

cacau _____   língua _____

mentiu _____   cárie _____

herói _____   pareceu _____

5 Os ditongos abaixo têm som nasal:

mã**o**   m**ã**e   pulm**õe**s

Circule, com lápis colorido, os ditongos:

coração   decisões   pães

pulmão   botão   paixões

limão   cães   porção

6 Destaque nos quadrinhos os ditongos das palavras abaixo:

beijo   ☐   sério   ☐

leite   ☐   cárie   ☐

contou   ☐   falou   ☐

cautela   ☐   mamãe   ☐

direito   ☐   judeu   ☐

coice   ☐   pouco   ☐

7 Forme palavras, preenchendo os espaços com ditongos:

m_____ta   c_____xote   malár_____

c_____sa   l_____te   el_____tor

l_____ra   p_____co   ment_____

f_____ce   mal_____ro   lim_____

p_____pança   degr_____   mol_____ra

_____tor   ch_____ro   d_____sa

11 Hiato e tritongo

Leia a palavra **saúva**:

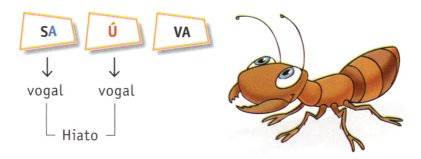

Você pode perceber o encontro de duas vogais pronunciadas em sílabas diferentes. Esse encontro recebe o nome de **hiato**.

> **Hiato** é o encontro de duas vogais pronunciadas em sílabas diferentes.

Principais hiatos

A	A	Sa-**a**-ra	I	I	fr**i**-**í**s-si-mo
E	A	b**e**-**a**-to	A	I	sa-**í**-da
I	O	v**i**-**o**-le-ta	O	I	d**o**-**í**-do
E	E	pr**e**-**e**n-cher	A	O	**a**-**o**r-ta
U	A	l**u**-**a**r	E	U	con-t**e**-**ú**-do
A	U	sa-**ú**-de	U	I	r**u**-**í**-do
I	A	Ma-r**i**-**a**	O	O	v**o**-**o**
O	A	v**o**-**a**	O	E	p**o**-**e**-ma

45

A SÍLABA

Ao se dividir uma palavra em sílabas, devem-se separar os hiatos.

s**aí**da: s**a** – **í** – da
r**eú**ne: r**e** – **ú** -ne

Tritongo

Observe as sílabas da palavra **Paraguai**:

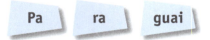

Uma das sílabas é formada por uma semivogal + vogal + semivogal:

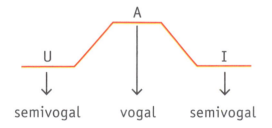

O encontro numa sílaba de semivogal + vogal + semivogal denomina-se **tritongo**.

A SÍLABA

ATIVIDADES

1 Trace o caminho que o motorista deve seguir para chegar à praia. Mas atenção: ele só pode passar por palavras que tenham hiatos.

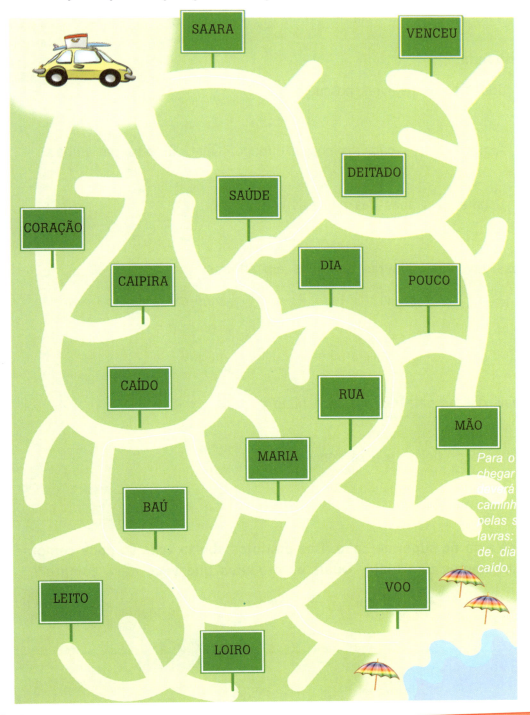

A SÍLABA

 Leia estas palavras:

ouro	véu	viúva	criança
papai	lição	carretéis	sorveteiro
automóvel	ciúme	voo	louça

Responda:

a) Todas essas palavras possuem hiato?

b) Alguma dessas palavras possui ditongo? Qual? Escreva nas linhas.

c) Separe as sílabas das palavras com hiato.

 Observe estas palavras divididas em sílabas:

vi-o-le-ta	mou-ro
lei-tu-ra	con-te-ú-do
vai-da-de	fu-gi-a

Quais dessas palavras possuem hiato?

Como você chegou a essa conclusão?

4 Você está no supermercado. Dos produtos abaixo você só pode comprar aqueles cujos nomes têm hiato. Quais os produtos que você deve comprar?

48

A SÍLABA

Quais os produtos que você comprou?

....

 Invente uma frase em que apareçam as seguintes palavras com tritongo:

| quais | Enxaguou | aguou | saguão |

....

....

 No texto, há apenas três palavras da língua portuguesa que possuem hiato. Quais são elas?

A mandioca

Conta a lenda tupi que a filha de um chefe indígena gerou, sem pai, uma criança. Enfurecido, o chefe condena a pobre criança à morte. No entanto, em sonho, ele recebe um aviso para não executá-la, pois o bebê era fruto de um milagre. Nasce uma criança linda e muito branca, chamada Mani. Ao completar um ano, sem razão Mani morre e, por ser muito amada, é enterrada no centro da oca da família. No lugar onde seu corpo foi sepultado, brota uma planta que, em pouco tempo, faz rachar a terra com suas poderosas raízes. Estas eram brancas como a pequena Mani e, por isso, a planta foi chamada de "Manihot" e cultivada por todos os indígenas.

Um tico-tico no fubá – sabores da nossa história,
Gisela Tomanik Berland.

....

....

....

49

Separação de sílabas

A separação de sílabas se faz pronunciando as palavras por sílaba. Na escrita, marca-se a separação de sílabas com o hífen.

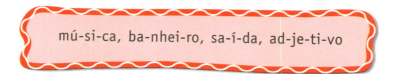

mú-si-ca, ba-nhei-ro, sa-í-da, ad-je-ti-vo

Regra geral

Não se separam as letras de uma mesma sílaba.

Regras práticas

1. Não se separam as letras:
   a) de ditongos:

   ou-ro, ré-g**ua**, fa-mí-l**ia**, b**oi**-a-da,
   c**ou**-ve, ba-l**ei**-a, des-m**ai**-o

 Embora a NGB considere os encontros finais átonos –ai, -ie, -ua, -uo como ditongos ou como hiatos, julgamos, por motivos didáticos, preferível considerá-los apenas como ditongos. Na partição das sílabas, não se separam, portanto, esses grupos vocálicos.

A SÍLABA

b) de tritongos:
Pa-ra-g**uai**, sa-g**uão**, q**uais**-quer,
a-ve-ri-g**uou**, U-ru-g**uai**-a-na

c) dos dígrafos **nh, ch, lh, gu** e **qu**:
ni-**nh**o, fi-**ch**a, co-**lh**ei-ta,
guer-ra, a**qu**e-le

d) dos encontros consonantais pronunciados na mesma sílaba:
blo-co, **pr**a-to, vi-**dr**o

2. Separam-se as letras:
a) de hiatos:

sa-**ú**-va, sa-**í**-da, a-**in**-da,
l**u-a**, co-r**o-a**, z**o-o**-ló-gi-co

b) dos dígrafos **rr**, **ss**, **sc**, **sç** e **xc**:

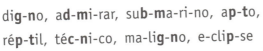

ca**r-r**i-nho, pá**s-s**a-ro, de**s-c**i-da,
na**s-ç**a, e**x-c**e-ção

c) dos encontros consonantais pronunciados em sílabas diferentes:

di**g-n**o, a**d-m**i-rar, su**b-m**a-ri-no, a**p-t**o,
ré**p-t**il, té**c-n**i-co, ma-li**g-n**o, e-cli**p-s**e

51

A SÍLABA

ATIVIDADES

1 **Separe as sílabas das palavras abaixo:**

missa	....	morrer
massa	....	jarra
passagem	....	derramar
engrossar	....	ferrugem
passo	....	farra
interessar	....	pigarro

2 **Observe estas palavras:**

massa	cigarra	descida
passagem	morrer	crescer

a) Qual é uma semelhança que existe entre todas essas palavras?

....

b) Separe essas palavras em sílabas.

....

....

c) Observe as palavras divididas em sílabas e identifique outra semelhança entre elas.

....

3 **Separe as sílabas das palavras abaixo:**

disco	....	florescer
descontente	....	nascer
desculpa	....	consciente
escova	....	piscina
descer	....	risco

52

A SÍLABA

 Observe as palavras do quadro.

saída	averiguei	roupa
ouro	violeta	gritaria
poupança	alegria	saguão
Paraguai	açougue	bateria
baú	dourado	ouvido

Faça o que se pede.

a) Pinte com lápis de cor somente as palavras que possuem ditongo.

b) Copie do quadro as palavras que possuem hiato, separando-as em sílabas.

_____

_____

c) Classifique os encontros vocálicos das palavras do quadro que você não coloriu ou dos quais não separou as palavras em sílabas.

_____

 Separe as sílabas das palavras destacadas no texto.

Revista O Tico-Tico

O herói das **crianças** do **início** do século 20 era um garoto **loirinho**, de olhos **arregalados**, roupinha de **marinheiro** e cara de **pestinha**. Seu nome era Chiquinho, um menino de uns sete anos de idade que **aprontou** poucas e boas nas páginas de "O Tico-Tico", a **primeira** revista com **histórias** em quadrinhos para crianças brasileiras.

Folhinha, in: *Folha de S.Paulo*, 03/09/2005.

_____

_____

_____

_____

53

A SÍLABA

6 Você reparou que nos jornais os textos são publicados em pequenas colunas. Reescreva a notícia a seguir em três colunas. Atenção: faça margens regulares, separando corretamente as sílabas.

Encontro de vozes em São Paulo

O Gran Finale – 3.º Festival Nacional de Corais reúne em um só concerto 21 corais formados por crianças, com idades entre oito e 15 anos. Entre eles, participam oito corais de São Paulo. A apresentação será no próximo domingo, 30 de maio, às 11h, na sala São Paulo. No programa eles cantam melodias de Mozart, Schubert, Gershwin.

O Maestro americano Henry Leck, que rege os meninos e meninas, vai ministrar um workshop para regentes e estudantes de música no Teatro Vivo nos dias 27 e 29 de maio.

Folhinha, in: *Folha de S.Paulo*, 22/05/04.

Sílaba tônica

Leia em voz alta os versos:

> O colar de Carolina
> Tem as contas do coração
> A graça desta menina
> Teme a cor da solidão.
>
> *Diário do outro*, Ronal Claver.

Na leitura desses versos, você deve ter percebido que algumas sílabas são pronunciadas com mais força.

> O co**lar** de Caro**li**na
> Tem as **con**tas do cora**ção**
> A **gra**ça desta me**ni**na
> Teme a **cor** da soli**dão**.

Assim como os versos, a palavra tem uma sílaba pronunciada com mais intensidade. É a **sílaba forte**.

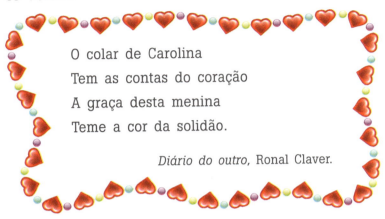

A sílaba forte de uma palavra recebe o nome de **sílaba tônica**.

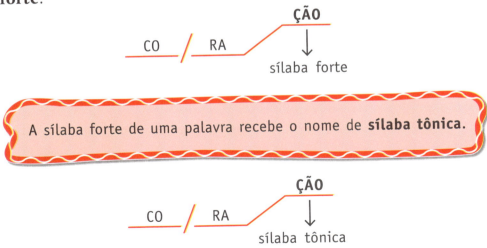

Nas palavras com mais de uma sílaba, há sempre uma sílaba tônica.

A SÍLABA

ATIVIDADES

  Um vírus atacou o computador e deletou as sílabas fortes. Ajude o digitador, completando os espaços com as sílabas fortes das palavras desta parlenda.

As parlendas são versos recitados para divertir ou mesmo para escolher quem vai iniciar um jogo ou uma brincadeira.

_____je é do_____go, _____de ca_____bo
Ca_____bo é de_____ro, _____te no_____ro
O_____ro é de_____ro, _____te no_____ro
O_____ro é va_____te, _____fra a_____te
A_____te é_____co, cai no bu_____co
Bu_____co é_____do, acabou-se o_____do.

 Escreva as palavras no diagrama.

Mas atenção: nos quadrinhos coloridos devem ser escritas as sílabas fortes destas palavras.

fera   vovô   árvore
medroso   novo   urubu

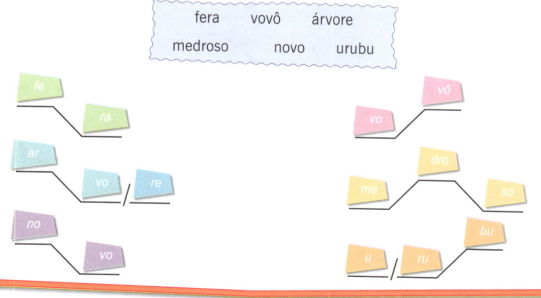

56

A SÍLABA

 Leia o texto seguinte:

Uma garota, fazendo pose de sábia, comentou com sua amiga:
— Você sabia que o sabiá sabia assobiar.

a) Nesse texto, há uma palavra que se repete de três formas diferentes. Que palavra é essa?
___

b) Quais os significados que ela tem?
___
___
___

c) Há uma diferença na maneira como você leu essa palavra. Qual é essa diferença?
___
___

 Pinte o quadrinho da sílaba tônica:

BO	NE	CA
MÁ	QUI	NA
TE	LE	FO	NE
MÁ	GI	CO

PA	PEL
DO	CE
CA	FÉ
A	MOR

 Copie nos quadrinhos a sílaba tônica:

Natal ▢

cócegas ▢

floresta ▢

coração ▢

hospital ▢

Pacaembu ▢

canivete ▢

você ▢

máquina ▢

carrossel ▢

Posição da sílaba tônica

Observe a sílaba tônica das palavras abaixo:

Você pode constatar que a sílaba tônica dessas palavras está em três posições:

Pa – ra – **NÁ**　　　me – **NI** – na　　　**FÁ** – bu – la
↓　　　　　　　　↓　　　　　　　　↓
última　　　　　　penúltima　　　　antepenúltima
sílaba　　　　　　sílaba　　　　　　sílaba

Na língua portuguesa, a sílaba tônica cairá sempre em uma dessas posições. Para você saber a posição da sílaba tônica de uma palavra, conte a partir da última sílaba que você escreveu.

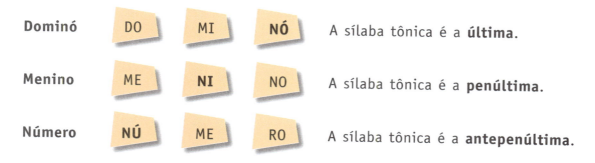

De acordo com a posição da sílaba tônica, a palavra é classificada em **oxítona**, **paroxítona** ou **proparoxítona**:

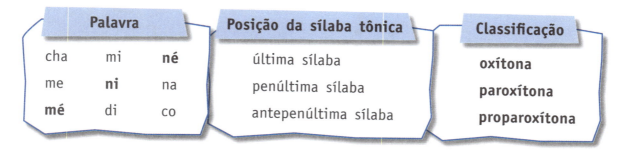

A SÍLABA

ATIVIDADES

1 Destacamos a sílaba tônica. Marque sua posição:

(**1**) última (**2**) penúltima (**3**) antepenúltima

(   ) vo-**cê**   (   ) nu-me-**ral**   (   ) **ó**-cu-los

(   ) **pás**-sa-ro   (   ) a-ni-**mal**   (   ) **bi**-co

(   ) es-**pe**-lhos   (   ) a-fo-**ga**-do   (   ) mu-**lher**

2 Pinte a sílaba tônica de cada palavra:

| FÁ | BRI | CA |

| AL | FI | NE | TE |

| NIN | GUÉM |

| VO | CÊ |

| DE | DO |

| EN | TÃO |

3 Complete o quadro:

Palavra	Divisão de sílaba	Posição da sílaba tônica
calçada	cal-ça-da	paroxítona
pássaro		
antônimo		
urubu		
atrás		
ferrugem		
alguém		
caminhão		
fazenda		

4 Forme três grupos com as palavras abaixo, de acordo com a sílaba tônica.

pássaro	beco	afogado
numeral	óculos	você
mulher	espelho	animal

A SÍLABA

Ao escrever as palavras, separe-as em sílabas, usando cor nas sílabas tônicas.

Grupo 1	Grupo 2	Grupo 3
Sílaba tônica é a última	Sílaba tônica é a penúltima	Sílaba tônica é a antepenúltima

5 Invente uma frase apenas com palavras oxítonas.

6 Invente uma frase em que apareçam pelo menos três palavras proparoxítonas.

7 Complete a piada usando apenas palavras paroxítonas.

O _____ chega da _____ e fala para o pai:

– Pai, é verdade que quando aqui é dia, é noite do outro lado do _____?

– É, meu _____!

– E é verdade que quando aqui é verão lá é _____?

– É!

– Então hoje do outro _____ do mundo alguém tirou 10 no teste de matemática!

Palavras

Lição 1 Substantivo
Lição 2 Substantivo próprio e comum
Lição 3 Substantivo primitivo e derivado
Lição 4 Substantivo simples e composto
Lição 5 Substantivo concreto e abstrato
Lição 6 Substantivo coletivo
Lição 7 Gênero do substantivo (1)
Lição 8 Gênero do substantivo (2)
Lição 9 Número do substantivo
Lição 10 Plural dos substantivos compostos
Lição 11 Grau do substantivo
Lição 12 Artigo
Lição 13 Adjetivo
Lição 14 Gênero e número do adjetivo
Lição 15 Concordância nominal
Lição 16 Grau comparativo
Lição 17 Grau superlativo
Lição 18 Adjetivo pátrio e locução adjetiva

Lição 19 Numeral
Lição 20 Pronome
Lição 21 Pronomes de tratamento
Lição 22 Pronomes pessoais retos e oblíquos
Lição 23 Classificação dos pronomes
Lição 24 Verbos
Lição 25 Pessoas do verbo
Lição 26 Tempos do verbo
Lição 27 Conjugações do verbo
Lição 28 Verbos regulares
Lição 29 Verbos irregulares
Lição 30 Verbos ter, haver, ser, estar
Lição 31 Advérbio
Lição 32 Preposição
Lição 33 Preposição e artigo
Lição 34 Conjunção
Lição 35 Interjeição
Lição 36 Revisão das classes gramaticais

Substantivo

Vicente era um **menino** pobre que tinha um pangaré.

O pangaré era preto, bem feio, bem magro e bem velho.

O **cavalo** servia para puxar a **carroça** do pai de Vicente, que levava para a **cidade** verduras que ele colhia e vendia.

Quando o cavalo não estava puxando a carroça, Vicente lhe dava capim e brincava com ele. Vicente adorava dar capim a seu cavalo. Era nesta hora que ele conversava com o pangaré.

O cavalinho azul, Maria Clara Machado.

Para construir as frases do texto, a autora usou palavras. As palavras distribuem-se em classes. Vamos conhecer uma dessas classes: o **substantivo**.

Pense nas palavras destacadas no texto:

menino   cavalo   carroça   cidade

A palavra **menino** indica o nome de **pessoa**.

62

PALAVRAS

A palavra **cavalo** indica o nome de **animal**.

A palavra **carroça** indica o nome de **objeto**.

A palavra **cidade** indica o nome de **lugar**.

As palavras que indicam o nome de pessoa, animal, objeto e lugar pertencem à classe dos substantivos.

Substantivo é a classe de palavras que indica pessoa, objeto, animal ou lugar.

PALAVRAS

ATIVIDADES

 1 Você vive cercado de objetos. Escreva o nome de seis objetos.

_____

_____

 2 O substantivo pode indicar o todo como também pode indicar a parte.

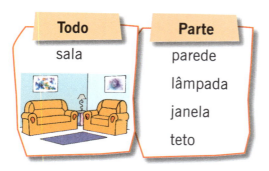

Todo	Parte
sala	parede
	lâmpada
	janela
	teto

Todo	Parte
fogão	forno
	botão
	bico
	grade

Jogo da memória

Arranje um pedaço de cartolina ou outro papel mais resistente.

Corte-o em 16 retângulos do mesmo tamanho.

Pense e escreva 8 substantivos que indiquem o todo e 8 substantivos que indiquem a parte em um dos lados de cada retângulo. No outro lado, você pode colorir, colar papel colorido ou recortes, fazer um desenho, o que você quiser.

Depois, sente-se com um colega e troquem os jogos.

Escolham quem vai ser o primeiro a jogar. O jogo é assim:

- Coloquem os retângulos com as palavras viradas para cima, de modo que vocês possam lê-las sobre a carteira. Leiam as palavras com atenção.
- Virem os retângulos, de modo que agora o lado com desenho ou colagem fique virado para cima.
- Embaralhem um pouco e comecem a virar dois retângulos de cada vez, tentando formar os pares de substantivos que indiquem o todo e a parte correspondente.
- Cada vez que formarem um par, retirem os retângulos do jogo.

PALAVRAS

● Marquem o tempo: ganha o jogo quem conseguir formar todos os pares em menos tempo.

3 **Ao responder às questões seguintes, você usará substantivos.**

a) Escreva o nome de quatro meios de transporte:

_____

b) Escreva o nome de cinco frutas:

_____

c) Escreva o nome de quatro tipos de calçados:

_____

d) Escreva o nome de cinco peças de vestuário:

_____

4 **Escreva os nomes de dois animais:**

que têm penas	selvagens	domésticos

5 **O que é, o que é? Responda, escrevendo os substantivos correspondentes no quadro.**

a) Quanto mais se tira, maior ele fica.

b) Enche uma casa, mas não uma mão.

c) Tem barba, mas não é homem; tem dente, mas não é gente.

d) Quem tem procura, quem não tem não quer ter.

a)	b)	c)	d)

65

PALAVRAS

Agora é a sua vez:

- Pense em uma adivinha que você conheça ou invente uma. A resposta da adivinha deve ser um substantivo.
- Escreva a sua adivinha num pedaço de papel (sem a resposta).
- Troque a sua adivinha com um colega. Cada um deverá encontrar a resposta e escrevê-la no papel. Depois, confiram as respostas.

  6 Complete a poesia com os substantivos do quadro abaixo:

cama – zebra – pijama

Boa-noite

A _____ quis
ir passear,
mas a infeliz
foi para _____ .
Teve que se deitar
porque estava de _____ .

  7 Circule os substantivos presentes no texto abaixo:

O astrônomo

O astrônomo habita os céus,
suas esquinas,
às vezes entre duas luas
adormece de leve,
enquanto seus olhos deciframm
mistérios.

Nos bolsos do astrônomo,
junto com as coisas comuns
e humanas,
pedaços esparsos de estrelas,
poeira de outros planetas.

Artes e ofícios, Roseana Murray.

2 Substantivo próprio e comum

Violeta e Roxo

Violeta era uma menina bem diferente. Usava sempre meias listradas, vestido roxo e chapéu com fita de cetim.

Na quinta-feira ela chegou em casa que nem ventania, pendurada numa corda igual à do Tarzan.

Sentou na sua gostosa cadeira de balanço, jogou fora o chiclete, abriu uma garrafa de guaraná e ligou a televisão pra assistir o filme do seu herói preferido: Tarzan.

Ela adorava fazer isso toda quinta-feira.

O gato de Violeta, o Roxo, também era diferente. Ele não perdia um filme do Tarzan, mas por outros motivos: é que ele era apaixonado pela macaca Chita.

Quando acabava o filme, os dois ficavam suspirando e pensando; bem que eles gostariam de estar lá na África vivendo aventuras e enfrentando os perigos da selva com os seus heróis.

Violeta e Roxo, Eva Funari.

Veja esta frase do texto:

> **Violeta** era uma **menina** bem diferente.

67

PALAVRAS

A palavra **Violeta** indica **uma só** garota.

A palavra **menina** indica **qualquer** garota.

O substantivo que indica **qualquer** coisa ou pessoa chama-se **substantivo comum**.

O substantivo que indica **uma só** coisa ou pessoa chama-se **substantivo próprio**.

Substantivo comum
↓
menina

Substantivo próprio
↓
Violeta

Os substantivos próprios escrevem-se sempre com **letra inicial maiúscula**.

PALAVRAS

1 Escreva um nome próprio (substantivo próprio) para os seguintes nomes comuns:

livro _____   pintor _____

jornal _____   papagaio _____

cachorro _____   cantora _____

música _____   filme _____

cidade _____   gata _____

2 Retire do texto "Violeta e Roxo" quatro substantivos próprios e quatro substantivos comuns:

Substantivos próprios	Substantivos comuns

3 **Compare:**

– Em que **país** você nasceu?

– Nasci no **Brasil**.

Notamos que:

- **país** é um substantivo **comum**: indica qualquer país;
- **Brasil** é um substantivo **próprio**: indica um só país.

Responda às perguntas usando substantivos próprios.

a) Em qual colégio você estuda? _____

69

PALAVRAS

b) Em que rua você mora? _____

c) Qual o nome de sua mãe? _____

d) Que país gostaria de conhecer? _____

e) Qual o último livro que você leu? _____

f) Qual o seu herói preferido? _____

4 **Reconte a anedota a seguir, substituindo os nomes comuns destacados por substantivos próprios.**

A **professora**, quando estava explicando uma matéria, percebeu que um **aluno** estava desmontando sua caneta e perguntou:

– Por que você está desmontando sua caneta, **garoto**?

E o **garoto** respondeu:

– Eu queria saber de onde saem as letrinhas.

_____

_____

_____

5 **Quem digitou o texto abaixo esqueceu-se de usar a letra maiúscula. Faça isso por ele.**

num maravilhoso vestido feito de retalhos entrou cinderela, que todos nós conhecemos também pelo nome de gata borralheira. lúcia, ela e chapeuzinho vermelho abraçaram-se com grande alegria.

6 **Escreva uma legenda para a foto ao lado, usando pelo menos um substantivo próprio e dois substantivos comuns.**

_____

_____

_____

3 Substantivo primitivo e derivado

Fui à padaria
comprar pão.
Encontrei o padeiro
com a mão no chão.

Fui à livraria
comprar um livro.
Encontrei o livreiro
vendendo vidro.

Fui à sorveteria
comprar sorvete.
Encontrei o sorveteiro
mascando chiclete.

Os substantivos do texto podem ser divididos em dois grupos:

Grupo 1	Grupo 2
pão livro sorvete	padaria, padeiro livraria, livreiro sorveteria, sorveteiro

Você pode notar que:
- os substantivos do grupo 1 não vêm de nenhuma outra palavra. Chamam-se **substantivos primitivos**;
- os substantivos do grupo 2 vêm de outra palavra da língua. Chamam-se **substantivos derivados**.

PALAVRAS

Substantivo primitivo	Substantivo derivado
pão	padaria, padeiro
livro	livraria, livreiro
sorvete	sorveteria, sorveteiro

Substantivo primitivo é aquele que não vem de nenhuma outra palavra da língua.

Substantivo derivado é aquele que vem de outra palavra da língua.

 Observe os desenhos e escreva os nomes dos profissionais que aparecem neles, usando substantivos derivados:

PALAVRAS

a) Qual é a semelhança entre esses substantivos?

b) Você conhece outros substantivos que dão nome a profissões e que têm a mesma terminação?

c) Qual é a conclusão que você pode tirar sobre os substantivos derivados terminados em **-eiro**?

73

PALAVRAS

2 Escreva no quadro, em ordem alfabética, os substantivos derivados usados para dar nome à pessoa que:

estuda

pede

ouve

preside

nada

serve

assiste

ama

corre

vende

3 Empregue a terminação -mento para formar substantivos derivados que indiquem a ação de:

casar: vencer:

pensar: agradecer:

sofrer: cumprir:

sentir: encerrar:

receber: ferir:

esquecer: merecer:

descobrir: salvar:

4 Leia os substantivos do quadro:

> dentista – maquinista – jornalista – pianista – balconista
> motorista – analista – esportista – violinista

a) A quem esses substantivos dão nome?

PALAVRAS

b) O que há em comum entre todos eles?

....

c) De quais substantivos eles são derivados?

....

d) Escreva como foram formados os substantivos derivados desses substantivos primitivos.

....

....

5 Use a terminação -dade ou -idade para formar substantivos derivados das seguintes qualidades:

bom	....	mal	....
suave	....	cruel	....
claro	....	feliz	....
leal	....	perverso	....
feroz	....	capaz	....
sincero	....	ameno	....

6 Escreva, no quadro, em ordem alfabética, os substantivos derivados das seguintes ações:

punir – subtrair – adorar – formar – explorar – continuar
liquidar – doar – nomear – louvar – verificar – iniciar

Use a terminação -ção.

PALAVRAS

7 Complete o texto com substantivos derivados.

O _____ da internet é frequentemente comparado a uma revolução tão importante quanto foi a _____ da imprensa, do rádio e da televisão.

A internet abre janelas para o mundo, contrói pontes entre as pessoas e dá a elas uma importante capacidade de pesquisa e troca de _____. Além disso, a internet facilita nosso dia a dia, pois podemos usá-la para realizar tarefas à distância como, por exemplo, compras e operações bancárias.

A internet em pequenos passos, Michele Mira Pons.

8 Utilize o código abaixo nas frases:

☐ substantivo primitivo   ◯ substantivo derivado

a) O ferreiro percebeu que o ferro da ferradura estava com ferrugem.

b) A florista guardou a bela flor e fechou a porta da floricultura.

c) Iara foi à vidraçaria chamar um vidraceiro para consertar o vidro quebrado daquela vidraça.

d) As laranjas nascem nos laranjais e são vendidas pelo laranjeiro.

e) Mamãe foi à padaria reclamar do padeiro que fez o pão.

9 Invente uma frase em que apareçam os substantivos primitivos e derivados de cada item:

a) chuva – chuveiro – chuvisco

_____

b) pedra – pedreiro – pedreira

_____

Ligue os substantivos primitivos aos substantivos derivados correspondentes:

dente

livro

flor

sorvete

pedra

dentista

florista

sorveteiro

pedreira

livraria

dentadura

floricultura

sorveteria

pedrada

dentição

livreiro

4 Substantivo simples e composto

Meio branco, meio ruivo,
meio preto, sou sem nome.
Quando a fome me maltrata,
faço assim: eu viro **lata**.
(...)
Sou assim, sou **vira-lata**,
ando atrás do meu nariz,
faço pipi pela cidade,
tal e qual um chafariz!

A história vira-lata, Sylvia Orthof.

Compare as palavras destacadas no texto:

Você pode observar que:
- o substantivo **lata** é formado por **uma só palavra**. Chama-se **substantivo simples**;
- o substantivo **vira-lata** é formado por **mais de uma palavra**. Chama-se **substantivo composto**.

PALAVRAS

 Leia os substantivos do quadro:

> para-lama – Sol – máquina
>
> guarda-noturno – criado-mudo – caixa
>
> fósforos – cachorro-quente

a) Separe esses substantivos em dois grupos, escrevendo-os nas linhas.

Substantivos simples	Substantivos compostos

b) Observe os substantivos compostos que você escreveu. O que todos eles têm em comum?
_____

c) Estes outros substantivos compostos são ligados da mesma forma. Escreva o que falta para completá-los.

> couve_____flor   banana_____maçã
>
> beija_____flor   tico_____tico
>
> reco_____reco   bate_____papo

 Pesquise no dicionário e escreva cinco ou mais substantivos compostos formados com a palavra guarda, em ordem alfabética.

_____
_____

79

PALAVRAS

 Cite:

a) os dias da semana que são substantivos simples:

_____

b) os dias da semana que são substantivos compostos:

_____

 Forme grupo com mais dois colegas.

Arranjem um pedaço de cartolina ou outro papel mais resistente e cortem em 14 retângulos iguais. Em cada retângulo, escrevam estas palavras:

guarda	criado	quente	arco
couve	alto	flor	cachorro
beija	sol	chuva	comida
íris	mudo	falante	banana
maçã	saca	roupa	rolha

Coloquem os retângulos em uma caixa. Escolham quem vai começar. Cada um de vocês deve retirar dois retângulos da caixa, sem olhar.

Se nos dois retângulos estiverem escritas duas palavras que podem formar substantivo composto, escrevam o substantivo no caderno e retirem os dois retângulos da caixa. Se não der para formar substantivo composto, devolvam os retângulos para a caixa, mexam, e é a vez de outro do grupo retirar dois retângulos.

Ganha o jogo quem conseguir formar o maior número de substantivos compostos.

 Classifique os substantivos como simples ou compostos.

máquina _____   Sol _____

peixaria _____   guarda-noturno _____

para-lama _____ criado-mudo _____

fósforos _____   couve-flor _____

caixa _____   cachorro-quente _____

80

5 Substantivo concreto e abstrato

Felicidade

Felicidade foi-se embora
e a saudade no meu peito ainda mora.
E é por isso que eu gosto lá de fora
porque eu sei que a falsidade não vigora.

A minha casa fica lá detrás do mundo
onde vou em um segundo quando começo a cantar.
O pensamento parece uma coisa à-toa
mas como é que a gente voa quando começa a pensar.

Felicidade, Lupicínio Rodrigues.

Compare os substantivos dos grupos abaixo:

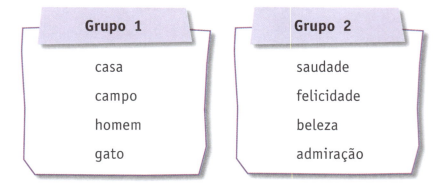

Você pode observar que:

- os substantivos do grupo 1 se referem a nomes de **pessoas**, **objetos**, **animais** ou **lugares**. Classificam-se como **substantivos concretos**;
- os substantivos do grupo 2 indicam **sentimento**, **características** ou **ação**. Classificam-se como **substantivos abstratos**.

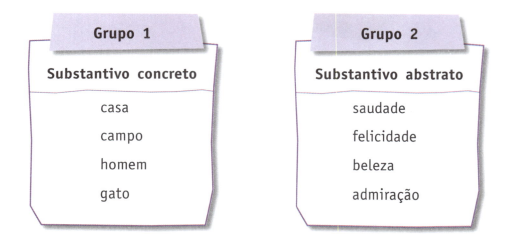

Os substantivos abstratos que indicam **características** são geralmente derivados de **adjetivos**.

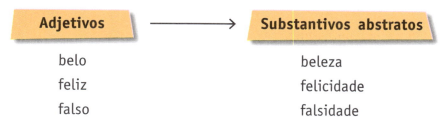

PALAVRAS

Os substantivos abstratos que indicam **ação** derivam de **verbos**.

Verbos	→	Substantivos abstratos

admirar → admiração
pensar → pensamento
lembrar → lembrança

Relação dos substantivos abstratos

Sentimentos	Características		Ações
amizade	beleza	vida	atenção
dor	tristeza	morte	declaração
vontade	pobreza	calor	adoração
ciúme	riqueza	frio	resolução
raiva	fraqueza	justiça	decisão
ódio	franqueza	largura	satisfação
amor	nobreza	altura	lembrança
alegria	doçura	euforia	vingança
paixão	felicidade		confiança
solidão	maldade		segurança
saudade	bondade		desconfiança
amargura	caridade		perseverança
calma	crueldade		agradecimento
coragem	mocidade		nascimento
desespero	ociosidade		pensamento
desprezo	realidade		cumprimento
medo	inocência		
orgulho	prudência		
preguiça	inteligência		
sonho	paciência		

PALAVRAS

ATIVIDADES

1. Escreva a continuação das frases, usando os substantivos abstratos correspondentes aos adjetivos em destaque.

a) Tinha ficado **rico**, e a sua _____

b) Sentia-se **fraco**, e o médico atribuiu a sua _____

c) Era uma pessoa muito **franca**, mas a sua _____

d) Todos o consideravam muito **delicado** e achavam que a sua _____

e) A modelo era uma moça muito **bela**, de uma _____

2. Escreva nas linhas os substantivos abstratos que você usou no exercício anterior.

a) Qual é a semelhança que existe entre esses substantivos?

b) Como foram formados os substantivos abstratos que você escreveu neste exercício?

3. Leia as palavras do quadro:

ágil – paciente – obediente – frágil – deficiente
inútil – hábil – consciente – violento – possível

PALAVRAS

a) Escreva os substantivos abstratos correspondentes a essas palavras, separando-
-os em grupos.

b) Quantos grupos você formou?

c) Que critério você usou para formar os grupos?

4 **Leia as frases e complete-as com substantivos abstratos.**

a) O _____ estava tão longe que Paulo não se deu conta de que o professor já havia entrado na sala.

b) Guardava o objeto com todo o carinho: era a única _____ que tinha de seu avô.

c) Nutria muita _____ pelo advogado, pela grande compe-tência que sempre demonstrou ter.

d) Diz o ditado que a _____ tem pernas curtas.

e) A _____ que sentiu foi tão grande que desmaiou.

5 **Transforme adjetivos em substantivos abstratos.**

inteligente	_____	deficiente	_____
obediente	_____	suficiente	_____
hábil	_____	útil	_____
frágil	_____	possível	_____

85

PALAVRAS

violento .... adolescente ....

dependente .... paciente ....

gentil .... rico ....

6 **Leia o texto:**

> Estava à toa na vida
> O meu amor me chamou
> Pra ver a banda passar
> Cantando coisas de amor
>
> *A banda,* Chico Buarque de Holanda.

a) Qual o significado da palavra "amor" em cada uma das frases do texto:

1. "O meu **amor** me chamou"

2. "Cantando coisas de **amor**"

b) Em qual dessas frases a palavra "amor" é substantivo abstrato?

c) Identifique no texto outros substantivos abstratos.

Substantivo coletivo

Leia o texto e observe a palavra destacada:

Nasci num **bosque**. Amanhecia quando minha mãe deu-me no bico o primeiro alimento. Fui crescendo devagar e um dia quis ensaiar o meu primeiro voo. Foi um pequeno e lindo passeio pelo arvoredo. Brinquei com as borboletas e com outros pássaros. Ensaiei, também, o meu primeiro canto. Saiu meio desafinado, mais parecendo um assobio rouco. Depois fiquei pássaro grande e conhecia toda aquela mata.

Balão azul, Marilena Godinho.

Compare:

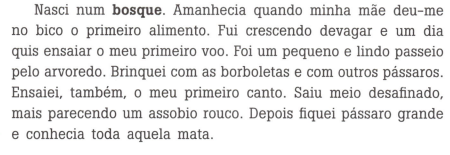

87

PALAVRAS

Você pode observar que a palavra **bosque**:
- está no singular;
- indica muitas árvores juntas, isto é, uma "coleção" de árvores.

Por isso, a palavra **bosque** é classificada como **substantivo coletivo**.

> **Coletivo** é o substantivo que, no singular, indica várias pessoas, animais ou objetos.

> **povo** (muitas pessoas)
> **viveiro** (muitos pássaros)

Principais coletivos

aglomeração	de pessoas	**exército**	de soldados
álbum	de fotografias	**fauna**	de animais
alcateia	de lobos	**flora**	de plantas
arquipélago	de ilhas	**manada**	de bois, porcos etc.
arvoredo	de árvores	**matilha**	de cães
banda	de músicos	**multidão**	de pessoas
bando	de aves	**museu**	de objetos antigos
biblioteca	de livros	**ninhada**	de pintos, de ovos, de filhotes
boiada	de bois	**nuvem**	de gafanhotos, de insetos
cacho	de bananas, uvas	**pinacoteca**	de quadros
cáfila	de camelos	**pomar**	de árvores frutíferas
cardume	de peixes	**quadrilha**	de ladrões, assaltantes
catálogo	de livros	**ramalhete**	de flores
código	de leis	**rebanho**	de bois, ovelhas, cabras
colmeia	de abelhas	**resma**	quinhentas folhas de papel
constelação	de estrelas	**réstia**	de alhos, cebolas

88

Principais coletivos
(continuação)

discoteca	de discos	**século**	período de cem anos
elenco	de artistas	**time**	de jogadores
enxame	de abelhas	**tribo**	de índios
enxoval	de roupas	**turma**	de alunos, trabalhadores
esquadra	de navios	**vara**	de porcos
esquadrilha	de aviões	**viveiro**	de pássaros

São também coletivos:

dezena, centena, dúzia, grosa, trimestre, semestre, cafezal, milharal etc.

 Escreva os coletivos de

1. _____

3. _____

2. _____

4. _____

89

PALAVRAS

2 Reescreva as frases, substituindo as palavras destacadas por um coletivo.

a) Foi descoberto um **grupo de ilhas**.

_____

b) No quintal há **muitas árvores frutíferas**.

_____

c) Comprei **quinhentas folhas de papel**.

_____

3 Dê o coletivo de:

abelhas _____   índios _____

navios _____   animais _____

4 Complete as frases usando os substantivos coletivos abaixo:

a) O _____ era formado por mil soldados.

b) O funcionário da loja colocou uma _____ de lápis em cada caixa, porque só cabiam dez lápis nelas.

c) O _____ estará completo com cem selos.

d) O _____ XX foram cem anos de grandes mudanças no mundo.

e) Ovos e laranjas são vendidos em _____, ou seja, em grupos de doze elementos.

f) Foram plantadas mudas de café brasileiro para formar o _____.

g) Um _____ corresponde a um período de dois meses, assim como um _____ corresponde a um período de seis meses.

5 Escreva três frases em um pedaço de papel usando substantivos coletivos. Troque as suas frases com um colega de classe.

Cada um deverá reescrever as frases, substituindo os coletivos por palavras que indiquem os grupos de pessoas, animais, objetos etc. correspondentes.

Depois, reúnam-se com outra dupla da classe para verificar se as frases reescritas estão corretas. Corrijam o que for necessário.

6 Complete os quadrinhos:

1. Conjunto de peixes
2. Conjunto de leis
3. Conjunto de livros
4. Conjunto de discos
5. Conjunto de estrelas
6. Período de três meses
7. Conjunto de porcos
8. Conjunto de árvores frutíferas
9. Período de cem anos

Gênero do substantivo (1)

Ele e ela

No mundo feliz da bicharada,
aconteceu uma festa da pesada.
Casou-se o carneiro charmoso
com uma ovelha mimosa.
Estavam presentes na cerimônia
o pai e a mãe dos noivos.
O padrinho era o bode,
a madrinha era a cabra.
O rei-leão e a rainha-leoa chegaram
acompanhados do padre e da madre.
Todos os bichos estavam presentes,
só faltavam o cão e a cadela,
que não puderam comparecer.
Finalmente começou a cerimônia.
O galo e a galinha entoaram uma linda canção,
enquanto o leitão e a leitoa acompanhavam no violão.

O cavalo comportava-se como um cavalheiro,
e a égua como uma verdadeira dama.
A abelha acompanhada do zangão
assistia compenetrada à cerimônia.
O macaco tinha ar de imperador,
e a macaca parecia uma imperatriz.

O pastor, um velho camponês,
e a pastora, uma dedicada camponesa,
contemplavam o enlace de seus carneirinhos.
Diante da plateia admirada,
o carneiro recebeu os cumprimentos
de seu compadre, o bode,
enquanto a ovelha sorridente
era cumprimentada pela sua comadre, a cabra.

Hermínio Sargentim

Os substantivos possuem dois gêneros: **masculino** e **feminino**.

Para sabermos se o substantivo é masculino ou feminino devemos colocar antes dele o artigo **o** ou **a**.

o pastor
(gênero **masculino**)

a pastora
(gênero **feminino**)

Formação do feminino

1. A maneira mais comum para se formar o feminino é trocar o **-o** final pelo **-a**.

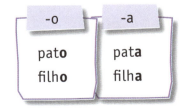

PALAVRAS

2. Há outras possibilidades para se formar o feminino.

   a) Acrescentar um **-a** ao final da palavra.
      professor   professor**a**
      senhor   senhor**a**

   b) Trocar o **-e** final por **-a**.
      president**e**   president**a**
      elefant**e**   elefant**a**

   c) Trocar **-ão** final por **-oa** – **-ã** – **-ona**.

-ão	-oa	-ão	-ã	-ão	-ona
le**ão**	le**oa**	an**ão**	an**ã**	comil**ão**	comil**ona**
patr**ão**	patr**oa**	campe**ão**	campe**ã**	solteir**ão**	solteir**ona**

   d) Outros substantivos recebem no feminino terminações especiais: -esa, -isa, -essa, -triz etc.
      cônsul   consul**esa**
      profeta   profet**isa**
      conde   cond**essa**
      ator   a**triz**

3. Alguns substantivos femininos são bastante diferentes da forma masculina.

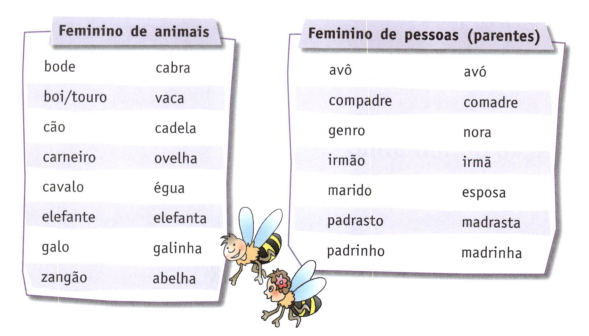

Feminino de animais	
bode	cabra
boi/touro	vaca
cão	cadela
carneiro	ovelha
cavalo	égua
elefante	elefanta
galo	galinha
zangão	abelha

Feminino de pessoas (parentes)	
avô	avó
compadre	comadre
genro	nora
irmão	irmã
marido	esposa
padrasto	madrasta
padrinho	madrinha

PALAVRAS

Feminino de pessoas (títulos)

barão	baronesa
capitão	capitã
conde	condessa
cônsul	consulesa
duque	duquesa
embaixador	embaixatriz
imperador	imperatriz
marquês	marquesa
príncipe	princesa
rei	rainha
visconde	viscondessa

Outros femininos

autor	autora
cavaleiro	amazona
cavalheiro	dama
cidadão	cidadã
dono	dona
herói	heroína
juiz	juíza
ladrão	ladra
macho	fêmea
patrão	patroa

ATIVIDADES

1 Passe para o feminino.

a) Casava-se naquela noite o carneiro charmoso.
_____
_____

b) Os primeiros a chegar para a cerimônia foram o pai e o padrinho do noivo.
_____
_____

c) O galo cantava uma canção acompanhado pelo leitão, que tocava alegremente.
_____
_____

95

PALAVRAS

d) Estavam entre os convidados o cavalo, o zangão, o macaco e o rei-leão.

e) O carneiro recebeu primeiro os cumprimentos do pastor e do compadre, depois vieram os outros convidados.

2 Elabore frases com o feminino das palavras:

a) barão – embaixador – compadre

b) touro – bode – macho

c) herói – cavaleiro – cavalo

3 Passe para o feminino.

a) O mestre é nosso hóspede.

b) O domador foi ferido pelo elefante.

c) Estavam presentes o professor e o barão.

d) Este menino parece um deus.

4 Forme o feminino dos substantivos abaixo acrescentando a terminação -esa ou -essa.

cônsul   +   **-esa**   =

duque   +   **-esa**   =

conde   +   **-essa**   =

visconde   +   **-essa**   =

96

PALAVRAS

 5 Dê o feminino das palavras abaixo, observando os exemplos:

campeão	*campeã*	leão	*leoa*
irmão		patrão	
cidadão		leitão	
cirurgião		solteirão	
escrivão		sabichão	
órfão		pobretão	
anão		figurão	

 6 O texto a seguir é o início de uma história. Reescreva-o substituindo os substantivos masculinos referentes a pessoas pelos substantivos femininos e os substantivos femininos pelos substantivos masculinos correspondentes. Além dessas mudanças, faça as outras que forem necessárias.

"Havia um homem que tinha muitos filhos, e tão pobre que não tinha que comer. Um dia despediu-se desapontado da mulher e dos filhos, e saiu dizendo que ia procurar meios de vida, e que só voltaria trazendo muito dinheiro. Depois de muitos anos, não tendo ele ainda encontrado meios de ganhar dinheiro e já muito saudoso da família, voltava este pobre homem para casa, quando apareceu-lhe um ricaço, e pergunta-lhe se ele queria ir trabalhar em sua casa, com a condição porém de só receber dinheiro depois de um ano de trabalho. O pobre homem aceitou muito contente a proposta e ficou trabalhando."

Os três conselhos, Silvio Romero.

97

PALAVRAS

7 **Copie as frases, substituindo os substantivos femininos pelos masculinos correspondentes, quando for possível, e fazendo as demais alterações necessárias.**

a) Minha irmã era tão bonita que parecia atriz de cinema.

b) Foi grande a luta da juíza para absolver a cidadã, acusada de um crime que não havia cometido.

c) A autora assistia à cerimônia de entrega do prêmio tão compenetrada que não percebeu estar sentada ao lado da consulesa.

8 Gênero do substantivo (2)

Tatu

— Alô, o tatu taí?
— Não, o tatu num tá,
mas a mulher do seu tatu tando,
é o mesmo que o tatu tá.

O livro do trava-língua, Ciça.

O substantivo "tatu" apresenta **uma única forma** para o masculino e para o feminino. Trata-se de **substantivo uniforme**.

> **Substantivo uniforme** é aquele que apresenta uma única forma para o masculino e para o feminino.

Classifica-se como:
- comum de dois gêneros;
- sobrecomum;
- epiceno.

Comum de dois gêneros

Compare:

Mário é um **pianista**.
Maria é uma **pianista**.

99

O substantivo "pianista":
- possui uma só forma para os dois gêneros;
- tem o gênero indicado pelo artigo (o, a, um, uma).

Denomina-se substantivo **comum de dois gêneros**.

Outros exemplos:

Masculino	Feminino		Masculino	Feminino
o artista	a artista		o imigrante	a imigrante
o colega	a colega		o jovem	a jovem
o cliente	a cliente		o jornalista	a jornalista
o dentista	a dentista		o mártir	a mártir
o gerente	a gerente		o estudante	a estudante

Sobrecomum

Compare:

Carlos é uma **criança**.
Neide é uma **criança**.

O substantivo "criança":
- refere-se a pessoas;
- possui um só gênero para indicar o sexo masculino e o feminino.

Denomina-se substantivo **sobrecomum**.

Outros exemplos:

a criatura	o indivíduo	o carrasco
a pessoa	o algoz	a testemunha
a vítima	o monstro	o cônjuge

Epiceno

Leia:

> A **baleia** é um animal manso.

O substantivo "baleia":
- refere-se a animais;
- possui um só gênero para indicar o sexo dos animais.

Denomina-se substantivo **epiceno**.

Para se indicar o sexo, acrescentam-se ao substantivo as palavras **macho** ou **fêmea**.

Sexo masculino	Sexo feminino
a onça macho	a onça fêmea
a girafa macho	a girafa fêmea
o tatu macho	o tatu fêmea
o jacaré macho	o jacaré fêmea

1 **Numere os substantivos de acordo com a classificação:**

(1) comum de dois gêneros
(2) sobrecomum
(3) epiceno

( ) vítima   ( ) gavião   ( ) testemunha
( ) borboleta   ( ) cobra   ( ) criança
( ) jornalista   ( ) pulga   ( ) artista
( ) criatura   ( ) gerente   ( ) cliente

PALAVRAS

2 Observe os substantivos do quadro e faça o que se pede.

a) Sublinhe com lápis de cor os substantivos comuns de dois gêneros.

b) Escreva em ordem alfabética os substantivos sobrecomuns.
_____

c) Classifique os substantivos restantes e escreva uma frase usando-os.
_____
_____

3 Observe os desenhos e escreva uma frase para cada um deles, de acordo com o que se pede.

a) Use um substantivo sobrecomum.
_____
_____

b) Use dois substantivos comuns de dois gêneros.
_____
_____

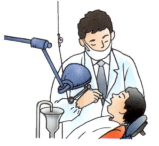

102

c) Use um substantivo epiceno.

_____

 4 **Complete as frases com os substantivos do quadro. Use *o* ou *a* antes de cada um deles.**

> telefonista – vítima – flautista
> indígena – imigrante – doente

a) _____ saiu para caçar. A caça, entre muitos povos indígenas, é atividade que cabe aos homens.

b) Sob aplausos, _____ retirou-se emocionada da sala de apresentação.

c) De nada adiantou o médico avisá-lo dos riscos que corria: _____ não seguiu as suas orientações e teve que ser internado novamente.

d) _____ do atropelamento foi removida para o hospital mais próximo.

e) Ficou irritado quando, finalmente, foi atendido e _____ pediu-lhe que retornasse a ligação porque ela estava ocupada no momento.

f) O meu avô foi _____ que primeiro teve contato com o cônsul ao chegar ao Brasil, nos finais dos anos de 1800.

5 **Passe para o feminino.**

a) Este menino é um excelente pianista.

_____

b) O dentista cuidou de seu cliente.

_____

c) O gerente recebeu os estudantes.

_____

PALAVRAS

d) O caçador capturou um tatu macho.

 6 Complete as colunas corretamente:

Feminino	Masculino
a telefonista	
	o golfinho macho
a vítima	
	o flautista
a indígena	
	o imigrante
	o doente
	o papagaio macho
o tatu fêmea	

 7 Passe as palavras destacadas para o masculino.

a) **A égua, a vaca** e **a leoa** estavam no mato.

b) **A imperatriz** é **uma gentil dama**.

c) **Aquela artista** apresentou um belíssimo trabalho.

d) **Minha madrasta** é **uma excelente atriz**.

e) **Paula** é **nora** de **uma cirurgiã plástica**.

f) **A campeã** foi **a autora** do projeto.

104

9 Número do substantivo

O número do substantivo serve para indicar se nos referimos a **um** ou a **vários** seres.

Pode ser:

- singular: indica **um só** ser.
  livro, rosa, bola

- plural: indica **vários** seres.
  livros, rosas, bolas

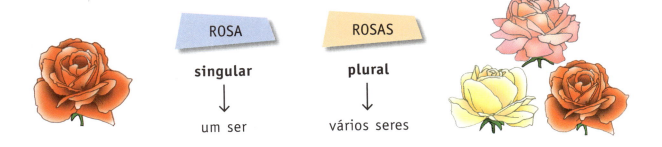

Na língua portuguesa, indica-se normalmente o plural acrescentando-se **-s** à terminação da palavra:

livro + **-s** = livros

Formação do plural

Forma-se o plural dos substantivos acrescentando-se um **-s** à terminação da palavra.

livro	+	-s	=	livro**s**
céu	+	-s	=	céu**s**
bola	+	-s	=	bola**s**

105

Regras especiais

Em algumas palavras, a terminação **-s** pode vir acompanhada de outras mudanças para se indicar o plural.

- Os substantivos terminados em **-r**, **-s** ou **-z** recebem o acréscimo de **-es**.

- Os substantivos terminados em **-l** trocam o **-l** por **-is**.

- Os substantivos terminados em **-m** trocam o **-m** por **-ns**.

- Os substantivos terminados em **-ão** podem fazer o plural de três formas. Observe:

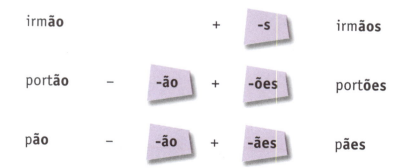

ATIVIDADES

 Observe os substantivos do quadro.

> cidadão – mamão – barão – escrivão
> bênção – capelão – capitão – cristão
> fogão – vagão – órfão – alemão

a) Forme três grupos com esses substantivos. Para formar os grupos, passe-os para o plural.

b) Agora, junto com um colega, escreva mais três substantivos de cada grupo.

 Algumas palavras da receita abaixo não foram corretamente flexionadas no plural. Reescreva em seu caderno a receita, flexionando essas palavras.

Sequilho

Ingrediente:
- 250 grama de manteiga
- 1 lata de leite condensado
- 3 gema de ovo
- 2 colher (chá) de fermento em pó
- 900 grama de maisena

Utensílio: bacia média, assadeira, colher (chá), colher de pau

Rendimento: de 4 a 6 porção.

107

PALAVRAS

Os meninos saíram para passear no parque e encontraram um vendedor de bexigas. Cada menino pediu três bexigas ao vendedor, mas ele falou: "Cada um de vocês só pode escolher bexigas em que apareçam escritos substantivos que formem o plural da mesma maneira. Quem quer começar?".

Ajude os meninos a escolher as bexigas, passando os substantivos para o plural e escrevendo-os nelas.

108

PALAVRAS

 4 Quando os meninos já estavam com as bexigas na mão, o pipoqueiro, que parecia não estar prestando atenção, desafiou-os:

QUEM DISSER COMO SE FORMA O PLURAL DESSES SUBSTANTIVOS GANHA UM SACO DE PIPOCAS!

Vamos ajudar os meninos, escrevendo como foi formado o plural dos substantivos?

_____
_____
_____
_____

109

Plural dos substantivos compostos

Você sabe que o substantivo composto é formado de **mais de uma palavra**.

> segunda-feira
> para-raio
> cana-de-açúcar
> cartão-postal

As palavras que formam o substantivo composto pertencem a várias classes gramaticais:

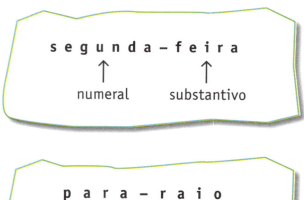

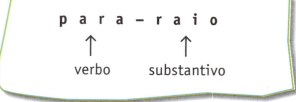

PALAVRAS

Para você dar o plural dos substantivos compostos, deve identificar primeiramente a classe gramatical das palavras que os compõem.

Regras

1. As palavras do substantivo composto vão para o plural se forem formadas por uma das seguintes classes gramaticais: substantivo, adjetivo, numeral e pronome.

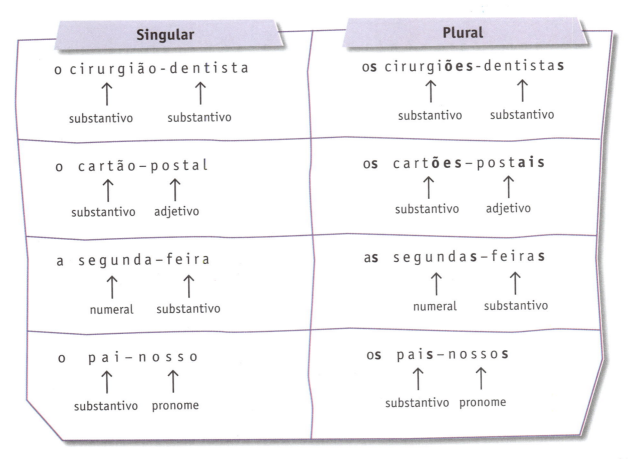

111

PALAVRAS

2. As palavras do substantivo composto ficam no singular se forem formadas por uma das seguintes classes gramaticais: verbo, preposição, advérbio ou interjeição.

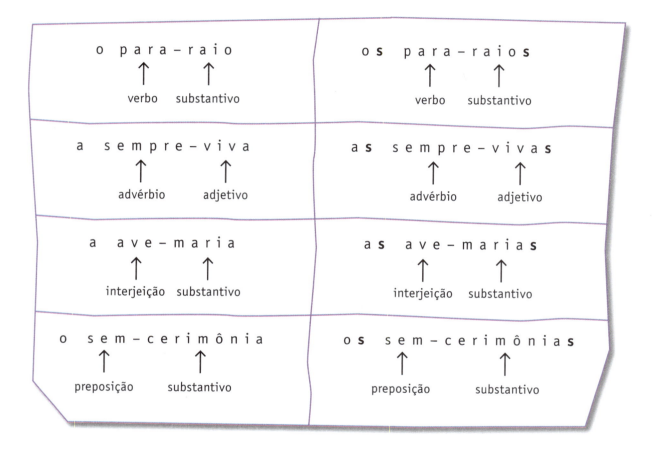

3. Se as palavras do substantivo composto forem ligadas por preposição, vai para o plural apenas a primeira palavra.

Observe:

o guarda–chuva
↑ ↑
verbo substantivo

os guarda–chuvas
↑ ↑
verbo substantivo

Sendo os elementos constituídos de verbo e substantivo, somente o substantivo vai para o plural.

 Para se saber se a palavra **guarda** é verbo, deve-se observar o segundo elemento. Se ele é substantivo, **guarda** é verbo.

Observe:

o guarda–noturno
↑ ↑
substantivo adjetivo

os guardas–noturnos
↑ ↑
substantivo adjetivo

Sendo os elementos constituídos de substantivo e adjetivo, ambos recebem a flexão do plural.

 Para se saber se a palavra **guarda** é substantivo, deve-se observar o segundo elemento. Se ele é adjetivo, **guarda** é substantivo.

PALAVRAS

 Forme substantivos compostos usando as palavras do quadro. Escreva-os no plural.

> bate – cabeça – para – bandeira
> rolha – porta – quebra – boca
> saca – porta – choque – voz

 Arranje uma cartolina ou outro papel mais resistente.

Divida-o em 20 retângulos de 3 centímetros de largura por 6 centímetros de comprimento. Use régua e lápis para fazer as divisões.

De um lado da cartolina, faça um desenho, cole uma ou mais fotos ou cópias de pinturas, monte uma colagem, o que você quiser.

Recorte a cartolina.

Na parte de cima, em cada retângulo, escreva estas palavras:

feira – coronel – banho – relevo – feira

doce – tenente – maria – mestre – terça

sala – erva – quarta – mestre – baixo

Troque o seu quebra-cabeça com um colega.

Cada um de vocês deve montar o quebra-cabeça do outro, formando palavras compostas.

Depois que tiverem montado o quebra-cabeça, cada um deve escrever, no retângulo, a palavra no plural.

PALAVRAS

3 **Escreva no plural os substantivos compostos:**

o beija-flor

o porta-bandeira

o cartão-postal

a cana-de-açúcar

o guarda-chuva

o para-choque

o banho-maria

a estrela-do-mar

o grão-de-bico

4 **Reescreva a frase abaixo colocando no plural os dias da semana.**

No próximo mês, vou jogar futebol na segunda-feira e na quarta-feira; na quinta-feira e na sexta-feira vou nadar; só na terça-feira vou poder descansar.

Grau do substantivo

Xadrez

É branca a gata gatinha
é branca como a farinha.
É preto o gato gatão
é preto como o carvão.
E os filhos, gatos gatinhos,
são todos aos quadradinhos.
Os quadradinhos branquinhos
fazem lembrar mãe gatinha
que é branca como a farinha.
Os quadradinhos pretinhos
fazem lembrar pai gatão
que é preto como o carvão.

A televisão da bicharada, Sidônio Muralha.

As pessoas, os objetos ou os animais podem apresentar **variações de tamanho**:

GATO — tamanho **normal**

GATINHO — tamanho **menor** que o normal

GATÃO — tamanho **maior** que o normal

116

A essas variações de tamanho dos substantivos damos o nome de **grau**.

São dois os graus do substantivo: grau diminutivo e grau aumentativo.

1. O grau diminutivo indica uma pessoa, objeto ou animal de tamanho **pequeno**.

gatinho
casinha
garotinho

2. O grau aumentativo indica uma pessoa, objeto ou animal de tamanho **grande**.

gatão
casarão
garotão

Conheça alguns diminutivos

amigo	amiguinho	fio	fiozinho, fiapo
animal	animalzinho, animalejo	flauta	flautinha, flautim
bandeira	bandeirinha, bandeirola	flor	florzinha
burro	burrinho, burrico	frango	franguinho
caixa	caixinha, caixote	lugar	lugarzinho, lugarejo
camisa	camisinha, camiseta	mala	malinha, maleta
cão	cãozinho, cãozito	menino	menininho, meninote
casa	casinha, casebre	muro	mureta
chuva	chuvisco, chuvisqueiro	palácio	palacete
corda	cordinha, cordel	papel	papelzinho
espada	espadinha, espadim	pele	pelinha, pelica

PALAVRAS

quintal	quintalzinho		roda	rodinha, rodela
rapaz	rapazinho, rapazote		sala	salinha, saleta
rio	riozinho, riacho		sino	sininho, sineta

Conheça alguns aumentativos

amigo	amigão		garrafa	garrafão
animal	animalão		homem	homenzarrão
barca	barcaça		monte	montanha
boca	bocarra		mulher	mulherona
cabeça	cabeçorra		muro	muralha
cão	canzarrão		nariz	narigão
casa	casarão		navio	naviarra
chapéu	chapelão		pé	pezão
copo	copázio		perna	pernaça
corpo	corpanzil		rapaz	rapagão
fogo	fogaréu		rico	ricaço
forno	fornalha		voz	vozeirão

Plural dos diminutivos

Para se formar o plural do diminutivo, elimina-se o **-s** da forma plural da palavra e acrescenta-se a terminação **-zinhos**.

Nome	Plural	− -s	+ -zinhos	Diminutivo plural
pão	pães	pãe-	pãe- + -zinhos	pãezinhos
pincel	pincéis	pincéi-	pincéi- + -zinhos	pinceizinhos
quintal	quintais	quintai-	quintai- + -zinhos	quintaizinhos

118

ATIVIDADES

1 Reescreva as frases, passando os substantivos em destaque para o grau diminutivo.

a) O **menino** brincava com o **gato**.

b) Encontrou um **lugar** sossegado.

c) A **casa** fica atrás de um **muro**.

d) Meu **amigo** atravessou o **rio** a nado.

e) O **palácio** tem várias **salas** de música.

2 Escreva no grau aumentativo os substantivos destacados.

a) Você é um **amigo**!

b) O **homem** derrubou o **muro**.

c) Com este **pé**, com este **nariz**, com esta **voz**, ele parece um gigante.

d) A **casa** vai ser demolida.

e) O **cão** feroz abriu a **boca**.

f) O **homem rico** comprou uma **barca**.

119

PALAVRAS

3 Cada criança tem duas bexigas. Mas quais serão as bexigas de cada uma?
Observe bem os substantivos escritos nas bexigas. Depois, escreva dois substantivos para cada uma das crianças. Quando terminar, confira as suas respostas com as dos colegas de classe e responda: Que critério você usou para formar os pares de bexigas?

120

4 Leia o trecho abaixo com atenção.

Quando a irmãzinha do Troca-Bolas pedia para ele contar uma história, o menino se saía com esta:

— Era uma vez uma menina muito bonita com a pele branca como a neve...

Um dia, ela colocou um chapeuzinho vermelho e foi levar doces para a vovozinha.

Aí ela ia subindo uma escada e perdeu o sapatinho de cristal.

Por isso, a bruxa prendeu a coitadinha numa torre.

Trocando as bolas, Pedro Bandeira.

Copie os substantivos sublinhados nas colunas adequadas. A seguir, complete a outra coluna de acordo com o que se pede.

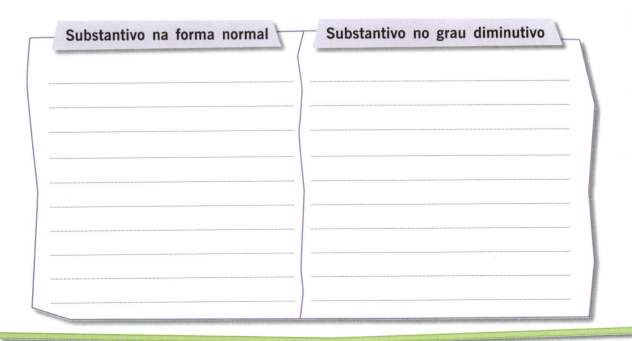

Substantivo na forma normal	Substantivo no grau diminutivo

PALAVRAS

5 **Substitua as palavras em destaque por uma só palavra.**

a) Mora numa **casa pequena**.

b) Amanhã, nós nos reuniremos numa **sala pequena**.

c) Silmara ganhou um **cão pequeno**.

d) Aquele menino possui um **nariz enorme**.

e) Uma **voz forte** ecoou na sala.

f) Ninguém consegue pular aquele **muro enorme**.

6 **Observe os substantivos do quadro.**

pinceizinhos – jornaizinhos – aneizinhos – pasteizinhos – sinaizinhos – botõezinhos

a) Em que grau estão todos esses substantivos?

b) Eles estão no singular ou no plural?

7 **Dê o plural dos diminutivos, observando o exemplo:**

a) animal   *animais*   *animaizinhos*

b) jornal

c) pastel

d) leão

e) cão

f) canal

g) pão

122

Artigo

O lobo e a menina

Era uma vez **um** lobo.

Era uma vez **uma** menina que tinha medo do lobo.

O lobo morava no sonho da menina.

Quando **a** menina dizia que não queria ir dormir porque tinha medo do lobo, a mãe respondia:

— Bobagem, menina, sonho é sonho. Esse lobo não existe.

O lobo e o carneiro no sonho da menina,
Marina Colasanti.

As palavras destacadas no texto:

1. acompanham um substantivo:

   o **lobo**   a **menina**
   um **lobo**   uma **menina**

2. dão ao substantivo uma ideia:

   a) definida: **o** lobo – **a** menina
   b) indefinida: **um** lobo – **uma** menina

> **Artigo** é uma palavra que acompanha o substantivo, dando-lhe uma ideia definida ou indefinida.

Palavras

Classificação do artigo

Artigo definido: o – a – os – as

Artigo indefinido: um – uma – uns – umas

 Copie as frases substituindo:

- o artigo definido pelo artigo indefinido;
- o artigo indefinido pelo artigo definido.

a) **O** aluno conversava com **um** professor.

b) **A** menina plantou **uma** árvore.

c) **Uma** professora comentou **a** história.

d) **Os** alunos leram **uns** livros.

 Complete o texto com artigos definidos ou indefinidos.

Foi _____ alegria quando começou a correr na Terra _____ notícia da grande festa que a Lua ia dar no seu palácio de prata.

E foi _____ espanto quando se soube que _____ festa não era oferecida ao Sol ou a qualquer outro astro de primeira grandeza, mas sim

PALAVRAS

em honra de _____ estrelinha, _____ menor das estrelinhas que brilhavam no céu.

Por que estranha fantasia _____ Lua, _____ alva sobera-na das noites luminosas, ia abrir _____ portas do seu palácio para receber festivamente _____ estrelinha humilde, _____ pobre estrelinha sem classificação na multidão de estrelas do firmamento? Por quê?

A estrelinha, Viriato Corrêa.

3 **Leia as frases com atenção. Identifique nelas as palavras *o*, *os*, *a*, *as* que não são artigos, sublinhando-as com lápis de cor.**

a) Os alunos trouxeram os livros e os colocaram na caixa de coleta.

b) O proprietário comprou as terras e logo as vendeu por um preço bem mais alto.

c) A borboleta saiu voando, e a cobra a pegou no ar.

d) O macaco pegou o coco e o jogou para o alto.

Reúna-se com o seu grupo. Confiram as palavras que vocês sublinharam e respondam:

Por que essas palavras não são artigos?

_____

_____

_____

_____

4 **Complete o texto com os artigos adequados:**

_____ Lebre Telhuda e _____ Chapeleiro estavam tomando chá debaixo de _____ árvore.

Entre _____ dois, dormindo profundamente, estava _____ Marmota, servindo de almofada para _____ cotovelo do Chapeleiro e da Lebre.

PALAVRAS

_____ mesa era enorme, mas, apesar disso, _____ três se amontoavam em _____ das cabeceiras. Quando Alice se aproximou, ouviu _____ grito:

– Não há mais lugar!

– Claro que há! E de sobra! – indignada com _____ grosseria, menina foi sentar-se na outra cabeceira, em _____ confortável poltrona.

– _____ cálice de vinho? – ofereceu, animada, _____ Lebre.

– Vinho? Só vejo chá nesta mesa.

– Se não vê vinho, é porque não há vinho – retrucou _____ Lebre.

– Então _____ senhora foi indelicada quando me ofereceu...

– Mais indelicada é _____ pessoa estranha vir sentar-se à cabeceira da mesa sem ser convidada.

– Não sabia que _____ mesa era sua. Além do mais, grande como é, parecia estar posta para muitas pessoas.

Alice no país das maravilhas, Lewis Carroll.
Adaptação de Cristina Porto da tradução original de Monteiro Lobato.

5 O texto seguinte é uma fábula. Sublinhe os artigos que estão presentes nele.

A Raposa e as uvas

_____ Raposa faminta estava passando por _____ parreira carregada de uvas maduras. Com _____ vontade enorme de comê-las, começou a dar vários saltos para alcançar _____ cachos. De tanto tentar, acabou se cansando sem ao menos ter tocado em _____ única uva.

Por fim, desistiu e foi embora. Para esconder seu desapontamento, disse para si mesma: "_____ uvas estão é verdes. Não vale _____ pena _____ esforço".

Fábula de Esopo

126

Adjetivo

Rita Magrela

Esta é a história de uma menina.
Vou contar como ela era.
Seu nome é Rita Magrela.
Além de ser gritadeira,
Rita é muito tagarela.
A tal Rita magricela
tem o nariz arrebitado,
sardas para todo o lado
e o cabelo espetado
amarrado com fita amarela.
Essa Rita magricela,
a tal de cara magrela,
tem uma mania esquisita: vive fazendo birra!
A confusão logo começa já no café com pão:
se a Rita quer mais geleia e a mãe lhe diz que não,
pronto!... Já abre aquele bocão.

Rita, não grita, Flávia Muniz.

127

PALAVRAS

Observe as palavras que o autor usa para descrever a personagem:

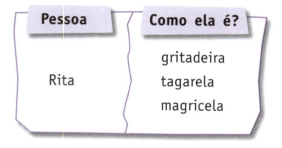 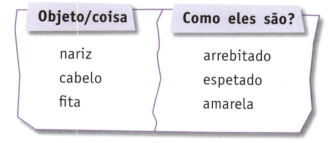

As palavras "gritadeira, tagarela, magricela, arrebitado, espetado, amarela" informam como são as pessoas, os objetos ou as coisas. Chamam-se **características**.

> **Características** são palavras que permitem conhecer como são as pessoas, animais, objetos ou coisas.

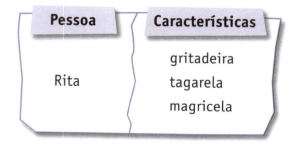 

As palavras que indicam as **características** das pessoas, animais, objetos ou coisas pertencem à classe dos **adjetivos**.

> **Adjetivo** é uma classe gramatical que indica característica.

Substantivo	Adjetivo
nariz	arrebitado
cabelo	espetado
fita	amarela

128

ATIVIDADES

 1 Dê três características para cada desenho.

 2 Dê um adjetivo (característica) para cada substantivo.

mão _____   casa _____

cabelo _____   árvore _____

mesa _____   livro _____

rua _____   cachorro _____

parede _____   camisa _____

PALAVRAS

 3 As características podem informar como as coisas são ou como o autor acha que as coisas são. Exemplo:

> Esta rua é **estreita** e **tranquila**.
> ↓ ↓
> característica característica
> (Como é a rua.) (Como o autor acha
> que é a rua.)

Complete as frases dando duas características: uma como é a pessoa ou coisa; outra como você acha que ela é.

a) Márcia é _____ e _____

b) O jardim é _____ e _____

c) Este livro é _____ e _____

d) Sua voz é _____ e _____

e) A professora é _____ e _____

f) Papai é _____ e _____

 4 Recorte de um jornal ou copie de uma revista um texto em que existem pelo menos cinco adjetivos.

Sublinhe os adjetivos que aparecem no texto com lápis de cor.

 5 Identifique, em cada quadro, o adjetivo que pode acompanhar os substantivos indicados.

a) mão — comprida – afilado – tempestuosa

b) casa — molenga – espaçosa – magrela

c) rua — peluda – esgarçada – comprida

d) árvore — cimentada – frondosa – pavimentada

6 Procure no dicionário e escreva mais dois adjetivos que possam ser usados no lugar dos adjetivos destacados nas frases que se seguem:

a) Ficou **assombrada** ao descobrir o quanto ele era rico!
_____

b) Para ele, a vida no interior era muito **monótona**.
_____

c) Sempre foi uma pessoa muito **sensata**.
_____

7 Sublinhe os adjetivos presentes no texto abaixo.

Mas, desta vez, chovia colorido!
As cores pintavam as casas, o chão
e até as pessoas! No início, todo mundo
ficou surpreso.

Depois, foram olhando
uns para os outros... e descobrindo
também seus novos rostos nos espelhos.

Rostos rosados, brancos que nem leite,
morenos como café!

Cabelos pretos, loiros...
até vermelhos!

E as roupas?
De todas as cores do arco-íris!

Carolina, Walcyr Carrasco.

PALAVRAS

8 Nas frases abaixo, destacamos o adjetivo. Ligue-o com uma flecha ao substantivo a que se refere:

> Rita é muito **tagarela**.

a) O menino **marrom** tinham os dentes **claros**, **certinhos**.

b) Os cabelos eram **enroladinhos** e **fofos**.

c) Tinha o queixinho **pontudo**, a testa **alta**, bem **redonda**, enfim era um rosto **harmonioso**.

d) Ele era **magrinho**, de joelhos **redondos** e perninhas **finas**.

9 Utilize o código, observando o exemplo:

▢ substantivo ⬭ adjetivo △ artigo

△ A ⬭ pobre ▢ menina esperava △ um ▢ presente ⬭ diferente.

a) O Paraná possui terras férteis.

b) O time francês venceu o campeonato mundial.

c) A lua cheia encanta os antigos seresteiros.

d) Os garotos japoneses possuem os olhos puxadinhos.

e) Heloísa é uma menina sapeca e adora cor-de-rosa.

10 Distribua no quadro as palavras sublinhadas no texto.

E a Rita magricela
ficou com o berro abafado,
ficou com o grito engasgado,
Não tinha com quem gritar,
não podia espernear.

Ficou muito chateada,
com aquele berro grosso
enlatado no pescoço.

PALAVRAS

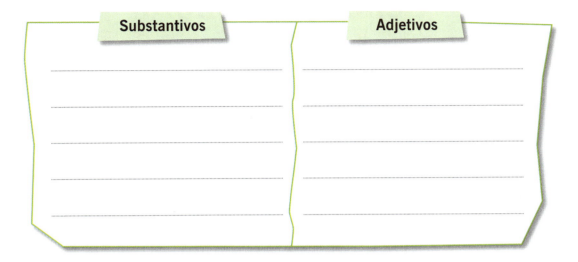

Sublinhe os adjetivos.

a) Mamãe você é: legal, fofa, gentil, alegre, bonita, linda, carinhosa, caridosa, jovem e engraçada, mas às vezes você grita e me bate e me belisca, mas realmente o seu coração é lindo como uma flor.

(Cida)
Para mamãe, organizado por Richard e Helen Exley.

b) Papai é assim: alto, magro, cabelos loiros, olhos azuis. Ele é muito legal e gosta de trabalhar...

Ele é um amigão. É muito querido. Tem 52 anos.

(Marlene)

c) Meu pai é muito legal, só que é calado. Conversa um pouco, dá dinheiro quando pedimos, não é tão duro assim. Brinca de bola com os meninos. Dá bronca quando precisa. Ele é forte e tudo o mais que se imagina de um pai tímido.

É assim que papai é.

(Cláudia)
Presente para o papai, Projeto Pamak.

133

Gênero e número do adjetivo

Quanto ao gênero, os adjetivos se dividem em **uniformes** e **biformes**.

Adjetivos uniformes são aqueles que possuem uma única forma para os dois gêneros. São geralmente uniformes os adjetivos terminados em **-l**, **-r**, **-a**, **-e**, **-m**, **-z**, **-s**.

	Masculino	Feminino
-l	o homem **cruel**	a mulher **cruel**
-r	o assunto **particular**	a conversa **particular**
-a	o velho **otimista**	a velha **otimista**
-e	o garoto **pobre**	a garota **pobre**
-m	o plano **comum**	a causa **comum**
-z	o moço **feliz**	a moça **feliz**
-s	o problema **simples**	a solução **simples**

Exceções: bom – boa
espanhol – espanhola

Adjetivos biformes são aqueles que possuem duas flexões, uma para o masculino e outra para o feminino.

Masculino	Feminino
homem espert**o**	mulher espert**a**
animal mans**o**	vida mans**a**
povo portugu**ês**	língua portugu**esa**

PALAVRAS

1. Os adjetivos terminados em **-ês**, **-or** e **-u** vão para o feminino mediante o acréscimo de **-a**.

> português – portuguesa
> defensor – defensora
> cru – crua

Exceções:

melhor	superior	bicolor
mau	pior	inferior
incolor	maior	interior
anterior	exterior	menor
posterior		

2. Os adjetivos terminados por **-eu** fazem o feminino trocando essa terminação por **-eia.**

> ateu – ateia
> europeu – europeia

Exceções:

réu – ré
sandeu – sandia
ilhéu – ilhoa
judeu – judia

3. Os adjetivos terminados em **-ão** fazem o feminino trocando:

> **-ão** por **-ã**: são – sã; vão – vã
> **-ão** por **-ona**: chorão – chorona

Número do adjetivo

A formação do plural do adjetivo segue as mesmas regras do plural dos substantivos.

nu – nus	gentil – gentis
feliz – felizes	útil – úteis
azul – azuis	são – sãos

PALAVRAS

 1 Observe os adjetivos do quadro:

> ruim – espanhol – ateu – inferior – hebreu
> otimista – plebeu – europeu – comum – feliz – judia

a) Escreva esses adjetivos de acordo com a classificação proposta no quadro abaixo:

Uniforme	Biforme

b) Escreva os adjetivos biformes no feminino:

c) Escreva os adjetivos uniformes no plural:

 2 Passe para o feminino:

o homem ateu _____   o menino são _____

o cantor espanhol _____   o barão cortês _____

 3 Invente uma frase usando as palavras abaixo no plural.

o jogo ruim

a canção infantil

o carro veloz

o grão fértil

Concordância nominal

Observe a relação do **artigo** e do **adjetivo** com o **substantivo**:

Artigo	Substantivo	Adjetivo
o	menin**o**	bonit**o**
a	menin**a**	bonit**a**
o**s**	menin**os**	bonit**os**
a**s**	menin**as**	bonit**as**

Você pode notar que o artigo e o adjetivo mudaram a terminação para se adaptar em gênero (masculino/feminino) e número (singular/plural) ao substantivo. A essa adaptação do artigo e do adjetivo ao substantivo damos o nome de concordância do nome ou **concordância nominal**.

Regra básica da concordância nominal

a	menin**a**	bonit**a**
artigo	substantivo	adjetivo
feminino	feminino	feminino
singular	singular	singular

> O artigo e o adjetivo concordam com o substantivo a que se referem em gênero e número.

PALAVRAS

ATIVIDADES

 Em um pedaço de papel, escreva três frases usando os substantivos a seguir, acompanhados dos artigos e adjetivos indicados.

a) o ar poluído

b) o lugar solitário

c) o pomar florido

Troque as suas frases com um colega. Cada um de vocês deve reescrever as frases, passando os substantivos para o plural e fazendo as demais alterações necessárias. Depois, colem o papel com as frases no caderno.

 Escreva um artigo definido e um adjetivo acompanhando estes substantivos.

Artigo	Substantivo	Adjetivo
	camponesas	
	pastéis	
	juíza	
	quintais	
	opiniões	

 Reescreva as frases passando as expressões destacadas para o plural.

a) Ela apenas olhava **o quintal abandonado, o móvel gasto, a mesa rachada, o jardim ainda florido** e pensava como tinha sido feliz naquela paisagem.

b) A peça estrearia no dia seguinte com **novo figurino, ator experiente, linda atriz** e **cenário deslumbrante**.

138

Grau comparativo

As cinco bonecas

Rosa Maria dormiu. Decerto sonhou sonhos muito bonitos, porque estava rindo enquanto dormia.

Acordou alegre e disse:

— Quero cinco bonecas. Uma para cada dedo da mão.

— Sim, senhorita — respondi.

— Mas quero boneca que se mexa, que fale. Boneca bonita!

Então eu botei em cima duma mesa cinco paus de fósforos. Um era verde; outro, azul; o terceiro, encarnado; o quarto, amarelo e o último, branco.

Gritei:

— Abracadabra!

Era uma palavra mágica. Os cinco paus de fósforos se levantaram. Soprei bem de levezinho neles. E os paus foram crescendo e ao mesmo tempo se transformando em bonecas.

(...)

Atrás de Rosa Maria se enfileiraram, uma a uma, as cinco bonequinhas. A Bu era mais alta do que a Bó. A Bó, mais alta do que a Bi. A Bi, mais alta do que Bé. A Bé era do mesmo tamanho que Bá.

Rosa Maria no castelo encantado, Érico Veríssimo.

Palavras

Comparação

Qualquer pessoa, qualquer animal, qualquer objeto possuem características. Exemplo:

> Bu era **alta**.
> Bó era **alta**. — características

Você pode relacionar a característica de uma pessoa, de um animal ou de um objeto com a característica de outro. Nesse caso, você faz uma **comparação**.

> Bu era **mais alta** do que Bó.

Para se comparar as características das pessoas, dos animais ou dos objetos, emprega-se o adjetivo no **grau comparativo**.

Uma pessoa, um animal ou um objeto podem possuir em relação a um outro ser uma característica em grau:

1. **superior (+):**

    Nesse caso chama-se **comparativo de superioridade**.

    > Bu era **mais alta** do que Bó.

2. **igual (=):**

    Nesse caso chama-se **comparativo de igualdade**.

    > Bá era **tão alta** quanto Bé.

3. **inferior (–):**

    Nesse caso chama-se **comparativo de inferioridade**.

    > Bi era **menos alta** do que Bó.

O grau comparativo pode ser de:

- superioridade: ... mais ...   do que ...
- igualdade: ... tão ...   quanto ...
- inferioridade: ... menos ...   do que ...

Os adjetivos **bom, mau, grande, pequeno** possuem formas diferentes para o comparativo de superioridade.

Adjetivos	Comparativo de superioridade	Exemplos
bom	melhor	Você é melhor que eu.
mau	pior	Ela é pior que você.
grande	maior	João é maior que Antônio.
pequeno	menor	Sandra é menor que Paulo.

ATIVIDADES

 1 Escreva usando os adjetivos no grau comparativo de igualdade.

> rosa / bonita / dália
> *A rosa é **tão** bonita **quanto** a dália.*

a) Maíra / fraca / Marisa

b) água / necessária / ar

c) ferro / útil / zinco

 2 Escreva usando os adjetivos no grau comparativo de superioridade.

> mel / doce / açúcar
> *O mel é **mais** doce **do que** o açúcar.*

a) onça / feroz / lobo

PALAVRAS

b) jiló / amargo / escarola

c) Márcia / estudiosa / Débora

d) pizza / saborosa / sopa

3 **Escreva usando os adjetivos no grau comparativo de inferioridade.**

> Flávio / esportista / Fernando
>
> Flávio **é menos** esportista **do que** Fernando.

a) trem / rápido / avião

b) prata / precioso / ouro

c) galinha / esperto / raposa

4 **Dê a característica que pertence aos dois seres.**

a) Silmara é tão _____ quanto Teresinha.

b) A banana é tão _____ quanto a pêra.

c) O homem é tão _____ quanto a mulher.

d) A praia é tão _____ quanto o campo.

5 **Leia o texto:**

A Lebre e a Tartaruga

Certo dia, a Lebre e a Tartaruga discutiam sobre quem era a mais rápida e resolveram apostar uma corrida. A Lebre logo deixou a lenta Tartaruga para trás.

142

Achando-se esperta, a Lebre parou para descansar na margem da estrada e acabou cochilando. Já a Tartaruga não parou em nenhum momento, caminhando devagar em direção à chegada.

Nisso a Lebre acordou e correu o mais rápido que podia. Mas já era tarde! Quando chegou, viu apenas a Tartaruga tirando uma bela soneca, após ter atravessado a linha de chegada em primeiro.

Devagar e sempre, ganha-se a corrida.

Fábula de Esopo

a) Escreva uma frase usando o adjetivo **rápida** no grau comparativo de superioridade.

b) Escreva uma frase usando o adjetivo **lenta** no grau comparativo de inferioridade.

c) Escreva uma frase usando o adjetivo **esperta** no grau comparativo.

d) Que comparativo você usou na sua frase?

e) Em alguma das frases que você escreveu você usou o grau comparativo de igualdade? Por quê?

6 Forme grupo com mais dois colegas de classe. Pensem juntos em uma história em que duas pessoas ou dois animais apresentem uma mesma característica no mesmo grau.

Escrevam a história (podem ser dois ou três parágrafos). Em uma frase, pelo menos, usem o grau comparativo.

Depois, leiam a história para os outros grupos da classe.

143

PALAVRAS

7 Organize as palavras e escreva os provérbios. Empregue os adjetivos em destaque no grau comparativo de superioridade.

a) **boa** porco a espiga para é o **ruim**

b) de volta **bom** caminho é o atalho o

c) não ver **ruim** que cego o é aquele quer

d) vêm **pequenos** frascos nos os **bons** venenos nos **ruins** perfumes os é

e) quanto **grande** é passo o **grande** tombo o é

8 Observe os desenhos. Escreva uma frase para cada um deles. Use o adjetivo no grau comparativo adequado.

PALAVRAS

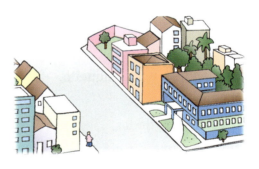

145

Grau superlativo

Eu sou pequenino

Meu irmão é grandão,
Do tamanho de papai.
Minha irmã é quase,
Do tamanho de mamãe.

Lá em casa
Todo mundo cresceu demais,
Ninguém quer brincar comigo.
Só sabem dizer:
– Você é muito pequeno,
Faz tudo errado.

Então inventei um brinquedo,
Assim:
É só estalar os dedos,
De um jeito que eu sei.

E as pessoas encolhem, encolhem,
Ficam do tamanho da joaninha.
Aí a gente brinca o tempo todo,
Até cansar.
Mas como eles são muito pequeninos,
Fazem tudo errado.
Não sabem brincar.

Então eu faço cara feia,
Finjo de bravo
E brinco mais um pouco.
Eles ficam com medo.
Mas não ensino para eles,
De jeito nenhum,
O truque de estalar os dedos.

Poeta aprendiz, Carlos Felipe Moisés.

O menino do texto possui uma característica importante:

> O menino é **pequeno**.

Mas ele possui essa característica em grau **elevado, exagerado**:

> O menino é **muito pequeno**.
>
> O menino é **pequenino**.

Para informar uma característica em grau elevado, usa-se o adjetivo no **grau superlativo**.

A língua portuguesa possui várias formas para se indicar o grau superlativo.

Primeira forma

O adjetivo vem precedido das palavras **muito**, **bastante**, **bem**, **super**.

> O menino era **muito pequeno**.
>
> O menino era **bastante pequeno**.
>
> O menino era **bem pequeno**.
>
> O menino era **superpequeno**.

Segunda forma

Usa-se o adjetivo no diminutivo.

> O menino era **pequenino**.
>
> "Era uma vez um menino **maluquinho**."
>
> O menino era **magrinho**.

Terceira forma

Acrescenta-se a terminação **-íssimo** depois do adjetivo.

> Ele estava **cansadíssimo**.
>
> O menino morava num planeta **estranhíssimo**.
>
> A meninada está **contentíssima**.

PALAVRAS

Relação de superlativos

ágil	agilíssimo, agílimo
agradável	agradabilíssimo
alto	altíssimo, supremo
amargo	amarguíssimo, amaríssimo
amável	amabilíssimo
amigo	amicíssimo, amiguíssimo
antigo	antiguíssimo, antiquíssimo
áspero	aspérrimo
baixo	baixíssimo, ínfimo
bom	boníssimo, ótimo
célebre	celebérrimo
comum	comuníssimo
confortável	confortabilíssimo
cruel	crudelíssimo
difícil	dificílimo
doce	docíssimo, dulcíssimo
fácil	facílimo
feliz	felicíssimo
feroz	ferocíssimo
fiel	fidelíssimo
frágil	fragílimo
frio	friíssimo
grande	grandíssimo, máximo
hábil	habilíssimo
horrível	horribilíssimo
humilde	humildíssimo, humílimo
infeliz	infelicíssimo
livre	libérrimo
magro	magríssimo, macérrimo
mau	malíssimo, péssimo
miserável	miserabilíssimo
mísero	misérrimo
negro	nigérrimo
notável	notabilíssimo
pequeno	pequeníssimo, mínimo
pobre	pobríssimo, paupérrimo
popular	popularíssimo
provável	probabilíssimo
ruim	péssimo
sábio	sapientíssimo
sagrado	sacratíssimo
sensível	sensibilíssimo
simples	simplíssimo
terrível	terribilíssimo
veloz	velocíssimo
visível	visibilíssimo

148

ATIVIDADES

 Leia as frases e escreva, nas linhas, uma palavra ou conjunto de palavras que poderiam ser usadas no lugar das palavras em destaque.

a) Um homem tinha três filhos: os dois mais velhos eram **muito espertos**, e o caçula não passava de um bobalhão.

b) Era uma vez um rei e uma rainha que queriam muito ter um filho, mas precisariam esperar anos e anos para que seu desejo se realizasse. Ficaram **felicíssimos** quando finalmente tiveram uma menina e convidaram sete fadas para madrinhas.

c) Era uma vez um rei que tinha uma filha **terrivelmente mentirosa**. Um dia ele anunciou que quem conseguisse mentir mais que a princesa e no fim a fizesse dizer "Mentira!" ganharia sua mão e metade do reino.

d) Um velho camponês tinha três filhos **muito preguiçosos**, que nem sequer pensavam em trabalhar para ajudá-lo. Crivado de dívidas que nunca conseguia saldar, o pobre homem se viu obrigado a cortar o pequeno arvoredo que seu pai lhe deixara e vender a madeira para pagar os credores.

Volta ao mundo em 52 histórias, Neil Philip.

 Reescreva as frases, usando os adjetivos coloridos no grau superlativo.

Afrodite e a escrava

Um homem, apaixonado por sua escrava feia e má, sempre atendia a todos os seus pedidos. A escrava logo passou a se vestir e se enfeitar com luxo e começou a rivalizar com a sua dona.

Ela sempre dava honras à Afrodite e, dia após dia, realizava sacrifícios, orava, implorava e suplicava à deusa para que a deixasse bela.

PALAVRAS

Certo dia, em resposta às orações, Afrodite apareceu à escrava em sonho e disse: "Não me agradeça, pois não te darei beleza. Na realidade, estou é furiosa e aborrecida com este homem a quem você está parecendo tão bela.

Fábula de Esopo

....
....
....
....
....
....
....

3 **Vamos confeccionar as pedras de um dominó?**

Só que, no lugar dos símbolos que aparecem nas pedras do jogo, você vai escrever adjetivos superlativos.

Recorte 10 retângulos em cartolina ou outro papel mais resistente, faça uma linha dividindo-os ao meio e escreva os adjetivos e superlativos como se segue.

velocíssimo	simples

ruim	frio

difícil	péssimo

amicíssimo	feroz

pequeno	mínimo

amabilíssimo	amigo

facílimo	veloz

simplicíssimo	amável

friíssimo	fácil

ferocíssimo	dificílimo

Para brincar, você deve unir os pares.

Não pode sobrar nenhuma "peça" do seu dominó.

PALAVRAS

4 **Dê o superlativo dos seguintes adjetivos:**

difícil ....   veloz ....

fácil ....   amigo ....

feroz ....   simples ....

5 **Complete as frases com o adjetivo no grau superlativo.**

a) Freud é .... (célebre)

b) Ele é um biólogo .... (ilustre)

c) O cão é .... (fiel)

d) A humanidade está .... (feliz)

e) A raposa é .... (esperta)

f) Esse garoto é .... (pobre)

g) Sua irmã está .... (magra)

h) Visitei um castelo .... (antigo)

6 **Classifique o adjetivo de acordo com o grau em que ele foi empregado:**

(1) grau comparativo de igualdade

(2) grau comparativo de inferioridade

(3) grau comparativo de superioridade

(4) grau superlativo

(   ) Rodrigo é menos forte do que Ricardo.

(   ) O elefante é maior do que o boi.

(   ) Aquele ator é muito famoso.

(   ) O carneiro é tão manso quanto o cabrito.

(   ) A tuberculose é uma doença perigosíssima.

(   ) O cão é mais bravo do que o gato.

(   ) Pelé é uma personalidade muito conhecida em todo o mundo.

18 Adjetivo pátrio e locução adjetiva

Carta de amigo

Oi, Guilherme!

Outro dia eu olhei no mapa pra ver onde é que é Pelotas. Puxa! Como a gente ficou longe de repente, hein? Eu não tinha nem pensado que Pelotas era tão lá no finzinho do Brasil.

O meu pai diz que carioca morre de frio aí no sul quando chega o inverno. Então eu pensei que você tem que vir passar as férias de julho no Rio. Aqui em casa, é claro. Primeiro pra não morrer de frio. Segundo pra gente ir junto à praia que nem ia antes.

Um grande abraço do

Rodrigo

Tchau, Lygia Bojunga Nunes.

PALAVRAS

Adjetivo pátrio

"O meu pai diz que **carioca** morre de frio aí no sul..."

A palavra **carioca** informa a cidade em que Guilherme e Rodrigo nasceram. É um adjetivo **pátrio**.

> **Adjetivo pátrio** é aquele que indica a nacionalidade, lugar de origem de alguém.

1) dos estados brasileiros:

Acre	acreano
Alagoas	alagoano
Amapá	amapaense
Amazonas	amazonense
Bahia	baiano
Ceará	cearense
Espírito Santo	espírito-santense, capixaba
Goiás	goiano
Maranhão	maranhense
Mato Grosso	mato-grossense
Mato Grosso do Sul	sul-mato-grossense
Minas Gerais	mineiro
Pará	paraense
Paraíba	paraibano
Paraná	paranaense
Pernambuco	pernambucano
Piauí	piauiense
Rio de Janeiro	fluminense
Rio Grande do Norte	norte-rio-grandense, potiguar
Rio Grande do Sul	sul-rio-grandense, gaúcho
Rondônia	rondoniense, rondoniano
Roraima	roraimense

PALAVRAS

Santa Catarina	catarinense
São Paulo	paulista
Sergipe	sergipano
Tocantins	tocantinense

2) de algumas cidades:

São Paulo	paulistano
Rio de Janeiro	carioca
Brasília	brasiliense

Curitiba	curitibano
Petrópolis	petropolitano
Campinas	campineiro

3) de alguns países:

Alemanha	alemão, germânico
Angola	angolano, angolense
Austrália	australiano
Áustria	austríaco
Canadá	canadense
Egito	egípcio
Grécia	grego, helênico
Japão	japonês, nipônico
Estados Unidos	estadunidense, norte-americano, ianque
Suécia	sueco

Locução adjetiva

Compare:

bandeira **do Brasil** ⟶ bandeira **brasileira**

PALAVRAS

Você pode notar que a expressão **do Brasil** tem a mesma função do adjetivo **brasileira**, pois indica uma característica do substantivo. A expressão **do Brasil** recebe o nome de **locução adjetiva**.

> **Locução adjetiva** é a expressão que tem a mesma função de um adjetivo.

bandeira **do Brasil** bandeira **brasileira**
↑ ↑
locução adjetivo

Existem locuções adjetivas que possuem um adjetivo correspondente. Vamos conhecer algumas delas.

Locução adjetiva	Adjetivo	Locução adjetiva	Adjetivo
de pai	paterno	de sol	solar
de mãe	materno	de lua	lunar
de filho	filial	de coragem	corajoso
de irmão	fraterno	de campo	rural
de mar	marítimo	de cidade	urbano
de rio	fluvial	de indústria	industrial
de terra	terrestre	de escola	escolar
de chuva	pluvial	de cor	colorida

1 Substitua a locução adjetiva por um adjetivo correspondente.

amor **de mãe** – *amor materno*

amor **de pai** – ....

amor **de irmão** – ....

155

PALAVRAS

amor **de filho** – ....

ar **de juventude** – ....

reunião **de estudantes** – ....

livros **para educar** – ....

brinquedo **de criança** – ....

azul **do céu** – ....

viagem **por ar** – ....

cavalo **com asas** – ....

atitude **de egoísmo** – ....

2 **Reescreva o trecho abaixo, substituindo as locuções destacadas pelos adjetivos correspondentes.**

No período **de eleições** são discutidos vários problemas relacionados às mudanças **da sociedade**: trabalho **da mulher**, comportamento **do homem**, conflitos **da família**.

....

....

....

....

....

3 **Substitua, agora, os adjetivos por locuções adjetivas.**

reunião **familiar** – *reunião **de família***

objeto **metálico** – ....

amizade **verdadeira** – ....

assembleia **estudantil** – ....

obra **artística** – ....

curso **anual** – ....

festa **carnavalesca** – ....

156

4 Observe o mapa do Brasil e complete as frases.

Quem nasce no Pará é _____

Quem nasce no Maranhão é _____

Quem nasce no Ceará é _____

Quem nasce no Piauí é _____

Quem nasce no Rio de Janeiro é _____

Quem nasce em Santa Catarina é _____

Quem nasce no Mato Grosso do Sul é _____

Quem nasce no Paraná é _____

Quem nasce no Amazonas é _____

Quem nasce em Mato Grosso é _____

Quem nasce no Amapá é _____

PALAVRAS

5 **Complete:**

Adjetivo pátrio é a palavra que indica ....

....

6 **Pesquise e complete:**

Nasceu no Rio Grande do Sul. É ....

Nasceu em Goiás. É ....

Nasceu em Alagoas. É ....

Nasceu em Rondônia. É ....

Nasceu em Sergipe. É ....

Nasceu no Acre. É ....

Nasceu em Pernambuco. É ....

Nasceu em Minas Gerais. É ....

7 **Complete a ficha pessoal com o nome da cidade, do estado e do país em que você nasceu.**

Nome: ....

Idade: ....   Natural de: ....

Estado: ....

Nacionalidade: ....

8 **Complete a frase usando apenas adjetivos pátrios para informar a cidade, o estado e o país em que você nasceu.**

Eu sou ....

e ....

158

Numeral

Tigres tristes

Três pratos
de trigo
para três tigres
tristes.

Ciça, *O livro do trava-língua.*

Observe as palavras destacadas:

três pratos   **três** tigres

A palavra "**três**" indica quantidade. Pertence à classe dos **numerais**.

> **Numeral** é uma classe de palavras que indica quantidade, ordem, multiplicação ou fração.

Os numerais classificam-se como:
1. **cardinais** – indicam quantidade.
    um, dois, cinco, dez...

2. **ordinais** – indicam ordem.
    primeiro, segundo, quinto, décimo...

159

PALAVRAS

3. **multiplicativos** – indicam multiplicação.
dobro ou duplo, triplo...

4. **fracionários** – indicam divisão, fração.
meio, um sexto, dois quintos...

Cardinal	Ordinal	Multiplicativo	Fracionário
um	primeiro		
dois	segundo	duplo ou dobro	meio
três	terceiro	triplo	terço
quatro	quarto	quádruplo	quarto
cinco	quinto	quíntuplo	quinto
seis	sexto	sêxtuplo	sexto
sete	sétimo	sétuplo	sétimo
oito	oitavo	óctuplo	oitavo
nove	nono	nônuplo	nono
dez	décimo	décuplo	décimo
onze	décimo primeiro		
doze	décimo segundo		
vinte	vigésimo		
trinta	trigésimo		
quarenta	quadragésimo		
cinquenta	quinquagésimo		
sessenta	sexagésimo		
setenta	setuagésimo		
oitenta	octogésimo		
noventa	nonagésimo		
cem	centésimo		

ATIVIDADES

 Procure, em um jornal, frases em que tenham sido usados diferentes numerais: cardinais, ordinais, multiplicativos, fracionários.

Recorte e cole as frases em uma folha à parte.

Troque a sua folha com um colega de classe. Cada um de vocês deverá ler as frases e identificar nelas os numerais, colorindo-os com lápis de cor.

 Observe a figura e escreva três frases sobre ela usando numerais ordinais.

a) ....

b) ....

c) ....

 Complete a frase com os numerais do quadro, escrevendo-os por extenso.

110 – 152 – 78

As tartarugas Marion, das ilhas Seychelles, no oceano Índico, detêm o recorde de longevidade entre os animais: ....

161

PALAVRAS

anos de idade. O mamífero de vida mais longa é o homem. Alguns vivem mais de _____ anos. Depois, vem o elefante asiático, com _____ anos.

O guia dos curiosos, Marcelo Duarte.

4 **Imagine que você já é adulto e tem um talão de cheques. O que compraria? Escolha o produto que você pode comprar e informe o valor. Preencha o cheque corretamente para fazer sua compra.**

5 **Escreva, por extenso, o numeral ordinal correspondente:**

a) Ele foi o _____ colocado na competição. (13º)

b) Essa é a _____ vez que passo por aqui. (27ª)

c) Hoje meus pais comemoram o _____ aniversário de casamento. (35º)

d) Pela _____ vez, escute o que eu digo! (100ª)

e) Você precisa alcançar, pelo menos, o _____ lugar. (6º)

6 **Classifique os numerais.**

a) Nosso time marcou oito gols. (_____)

b) Fiquei com um terço do dinheiro. (_____)

c) Foi classificada em oitavo lugar. (_____)

d) Recebeu o triplo de mim. (_____)

e) As meninas receberão o dobro. (_____)

Pronome

Leia e compare os textos:

Texto 1

Minha mãe faz de tudo e não entende de nada. Minha mãe é enfermeira quando estamos doentes, jardineira, decoradora, arrumadeira e costureira quando faz ou remenda as nossas roupas, colhe frutas e toma conta das despesas da casa.

Texto 2

Minha mãe faz de tudo e não entende de nada. Ela é enfermeira quando estamos doentes, jardineira, decoradora, arrumadeira e costureira quando faz ou remenda as nossas roupas, colhe frutas e toma conta das despesas da casa.

Júlia, 11 anos

Para mamãe, organizado por Richard e Helen Exley.

Você pode notar que no texto 2 a palavra **mãe** foi substituída pela palavra **ela**.

Mãe é um substantivo. **Ela** é uma palavra que substitui o substantivo. Pertence à classe do **pronome**.

mamãe   ela
↑   ↑
substantivo   pronome

Pronome é uma classe de palavras que substitui o substantivo.

Pronomes pessoais

Ao falar ou escrever, você pode:

1. Falar de você mesmo.
   Nesse caso, você emprega a **primeira pessoa**: EU, NÓS.

2. Falar com alguma pessoa.
   Nesse caso, você emprega a **segunda pessoa**: TU, VÓS.

3. Falar de alguma pessoa.
   Nesse caso, você emprega a **terceira pessoa**: ELE, ELA, ELES, ELAS.

São, portanto, três as pessoas gramaticais:
   a) **1ª pessoa**: pessoa que fala;
   b) **2ª pessoa:** pessoa com quem se fala;
   c) **3ª pessoa:** pessoa de quem se fala.

As palavras que indicam a pessoa que fala, com quem se fala ou de quem se fala pertencem à classe dos **pronomes pessoais**.

Pronomes pessoais		
	Singular	Plural
primeira pessoa	eu	nós
segunda pessoa	tu	vós
terceira pessoa	ele, ela	eles, elas

Em resumo, o pronome tem duas funções:

1ª função: substitui o substantivo.

2ª função: indica a pessoa que fala, com quem se fala ou de quem se fala.

Você e tu

A pessoa com quem se fala pode ser expressa também pelos pronomes de tratamento (você, senhor, Vossa Senhoria...), que serão apresentados na lição seguinte.

Esses pronomes, embora indiquem a pessoa com quem se fala (2ª pessoa), levam o verbo para a terceira pessoa.

> Você saiu cedo?

Em muitas regiões do Brasil, o pronome **você** é usado no lugar do pronome **tu** para indicar a pessoa com quem se fala.

> – Eu quero inventar uma história. Mas não quero que minha história comece com "Era uma vez"...
>
> – A história tem que parecer com você.
>
> – Comigo?
>
> – Cada um tem o seu modo de contar. E você também terá o seu. E quando você conta a sua história, está inventando um mundo diferente do meu, do mundo da Mariana, do Thiago, da Paula, do Bruno e da Miriam. E a sua história vai parecer com você, será uma continuação de você.
>
> *A casa*, Ronald Claver.

PALAVRAS

ATIVIDADES

 1 Copie os pronomes pessoais do texto e, ao lado, os substantivos a que se referem.

> Quer saber o que o gemólogo faz no seu dia a dia? Assim que ele recebe uma gema para estudar, a primeira coisa que precisa fazer é identificar a espécie a que ela pertence. "Se for um quartzo, ele tem de verificar se é uma ametista ou um citrino", exemplifica o gemólogo Carlos Amaral [...]
>
> Depois de identificar a espécie, ele vai descobrir se ela é natural ou sintética (fabricada). Afinal, as pessoas querem saber se a pedra é realmente natural quando vão fazer uma joia, não é mesmo? Além disso, o gemólogo tem também de investigar se ela foi tratada artificialmente e, por último, determinar a qualidade da pedra. Para isso, ele vai avaliar a cor; a pureza, verificando se tem alguma "sujeira" dentro da pedra; e a lapidação, atividade de cortar, formar, facetar e polir as pedras preciosas. Ufa! Quanta coisa!
>
> *Ciência hoje das crianças*, nº 155. Texto de Eliana Pegorim.

Observe os desenhos e escreva uma frase nos balões, usando pronomes pessoais.

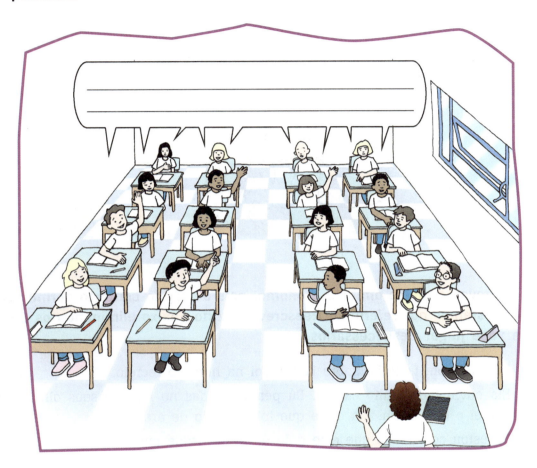

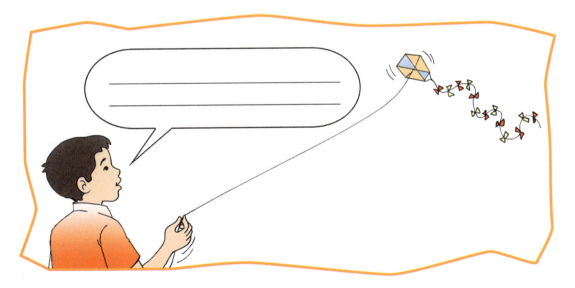

PALAVRAS

 3 Ao escrever, pode-se omitir o pronome, pois o próprio contexto permite saber a quem estamos nos referindo. Reescreva o texto abaixo eliminando os pronomes que você julgar desnecessários.

Eu falei com Leninha sobre Lucas. Foi na hora do recreio.

Ela ouviu tudo muito calada. Eu percebi ondas no mar de seus olhos. Eu perguntei o que havia. Ela disse que foi um grão de areia.

Eu estou com medo que este grão de areia risque muito fundo.

Manhas comuns, Mônica Versiani Machado.

PALAVRAS

4 **Complete com um pronome.**

a) _____ desci e Renato subiu.

b) _____ fizemos força e o tronco cedeu.

c) _____ encontraram alguns troncos secos.

d) _____ já cortaste a metade?

e) Com o facão, _____ conseguiu cortar o tronco.

5 **Substitua o substantivo por um pronome: ele, ela, eles, elas.**

a) **Paulinho** deu um salto.

_____

b) **Os garotos** se levantaram rapidamente.

_____

c) **Renato** agarrou-se ao tronco seco.

_____

d) **A menina** riu ao ver o tombo.

_____

6 **Numere as frases, indicando qual a pessoa empregada:**

(1) 1ª pessoa do singular   (4) 1ª pessoa do plural

(2) 2ª pessoa do singular   (5) 2ª pessoa do plural

(3) 3ª pessoa do singular   (6) 3ª pessoa do plural

(   ) Eu penteio os cabelos.   (   ) Elas são bonitas.

(   ) Ele brinca na calçada.   (   ) Tu estás triste?

(   ) Nós lemos o texto.   (   ) Nós gostamos de cantar.

(   ) Ela pula corda.   (   ) Vós comprais livros?

(   ) Eles chegaram tarde.   (   ) Eu já aprendi a lição.

Pronomes de tratamento

A Fada Mensageira era o correio da Rainha. Tinha aquele hábito: entrava sempre pelo teto.

— Até que enfim uma fada útil neste palácio! — exclamou a Rainha. — Essa, pelo menos, faz alguma coisa! Traz muitas cartas?

— Não, Majestade. Desta vez só trago uma. Vem da Terra e parece muito esquisita.

E entregou à Rainha um envelope todo amarrotado.

A Rainha abriu-o e leu a seguinte carta:

> MAJESTADE
>
> VOSSA MAJESTADE ESTÁ PROIBIDA DE COLORIR A MINHA CASA. EU JÁ DISSE QUE DETESTO COISAS BONITAS. OUTRA VEZ QUE VOSSA MAJESTADE QUISER ME EMBELEZAR OU EMBELEZAR A MINHA CASA, VOSSA MAJESTADE VAI SE ARREPENDER.
>
> DEPOIS NÃO DIGA QUE NÃO AVISEI.
>
> BRUXA FEIOSA

A fada que tinha ideias, Fernanda Lopes de Almeida.

PALAVRAS

Compare as frases:

> **Você** está proibida de colorir a minha casa.
> **Vossa Majestade** está proibida de colorir a minha casa.

De acordo com a pessoa com quem conversamos, empregamos pronomes especiais:

- **voc**ê: no tratamento familiar.
- **Vossa Majestade:** no tratamento com um rei ou rainha.

Esses pronomes são chamados **pronomes de tratamento**. Vamos conhecê-los?

Pronome de tratamento	Abreviatura	Usado para
Você	V.	pessoas íntimas, familiares
Senhor, Senhora	Sr., Sr.ª	pessoas de respeito
Vossa Senhoria Vossas Senhorias	V. S.ª V. S.ᵃˢ	pessoas de cerimônia, principalmente em cartas comerciais
Vossa Excelência Vossas Excelências	V. Ex.ª V. Ex.ᵃˢ	altas autoridades
Vossa Alteza	V. A.	príncipes e duques
Vossa Majestade	V. M.	reis, rainhas e imperadores
Vossa Santidade	V. S.	papa
Vossa Eminência Vossas Eminências	V. Em.ª V. Em.ᵃˢ	cardeais
Vossa Reverendíssima Vossas Reverendíssimas	V. Rev.ᵐᵃ V. Rev.ᵐᵃˢ	sacerdotes

PALAVRAS

ATIVIDADES

1 **Que pronome de tratamento você usa para se dirigir:**

a) a um rei ou a uma rainha? ....

b) a pessoas íntimas e familiares? ....

c) a um governador ....

d) ao papa? ....

e) a um diretor de uma firma? ....

f) a um príncipe? ....

g) ao presidente da República? ....

h) a um padre? ....

i) a uma pessoa de respeito? ....

2 **Dê a abreviatura correspondente aos seguintes pronomes de tratamento:**

Vossa Senhoria ....   Senhor ....

Vossa Santidade ....   Senhora ....

Vossa Excelência ....   Vossa Majestade ....

3 **Relacione:**

(1) Vossa Majestade   (   ) cardeais

(2) Vossa Alteza   (   ) rei

(3) Vossa Santidade   (   ) príncipe

(4) Vossa Eminência   (   ) papa

4 **Desenvolva as abreviaturas:**

a) V. A. ....

b) V. Em.ª ....

c) V. Ex.ª ....

d) V. Rev.ma ....

172

5 Observe as figuras e escreva uma frase sobre elas, usando pronomes de tratamento.

....
....

....
....

 6 Sente-se com um colega. Pensem em alguma coisa que vocês gostariam que mudasse no nosso país. Escrevam uma pequena carta ao presidente da República fazendo a solicitação. Usem o pronome de tratamento adequado.

22. Pronomes pessoais retos e oblíquos

Agente, ação e objeto

Observe a frase:

> Paulo chutou a bola.

Há nessa frase três elementos:

> **Agente** – pessoa que faz a ação.
> **Ação** – o que a pessoa faz.
> **Objeto** – o que recebe a ação do agente.

Pronomes pessoais retos e oblíquos

Compare:

> A) **Paulo** chutou a bola.
> B) **Ele** chutou a bola.

Na frase A, o agente é representado por um **substantivo**.
Na frase B, o agente é representado por um **pronome**.

> Os pronomes que representam o agente chamam-se **pronomes pessoais retos**.

Compare:

> A) Paulo chutou **a bola**.
> B) Paulo chutou-**a**.

Na frase A, o objeto é representado por um **substantivo**.
Na frase B, o objeto é representado por um **pronome**.

> Os pronomes que representam o objeto chamam-se **pronomes pessoais oblíquos**.

Veja o quadro de classificação dos pronomes pessoais:

	Pronomes pessoais	
	Retos	**Oblíquos**
1ª pessoa singular	eu	me, mim, comigo
2ª pessoa singular	tu	te, ti, contigo
3ª pessoa singular	ele, ela	se, si, o, a, lhe, consigo
1ª pessoa plural	nós	nos, conosco
2ª pessoa plural	vós	vos, convosco
3ª pessoa plural	eles, elas	se, si, os, as, lhes, consigo

 1 Sublinhe com um traço o agente e com dois traços o objeto.

a) A plateia aplaudiu o espetáculo.

b) Nós escrevemos uma novela.

c) Tânia e Valter construíram uma casa.

PALAVRAS

2 Substitua o objeto em destaque por um pronome oblíquo.

a) Encontrei **uma carteira** no chão.

b) Lembrei **a turma** de nossa tarefa.

c) A água invadiu **a casa**.

3 Troque o objeto pelo pronome oblíquo *lhe*.

a) O pai entregou o documento **ao filho**.

b) Os alunos enviaram uma lista **ao professor**.

c) Passou a bola **ao adversário**.

4 Reescreva as frases, usando outro pronome oblíquo da mesma pessoa gramatical.

a) Plínio olhou **para mim** em silêncio.

b) Carmem carregou a mala **para ele**.

c) Lucas comprou **para nós** um lindo apontador.

d) Eles deram parabéns **para mim**.

5 Transforme as frases fazendo duas alterações:

- retire o pronome pessoal reto;
- substitua o substantivo por um pronome oblíquo.

176

a) **Eu** visitei **Marcos** ontem.

b) **Ele** emprestou a **Pedro** todo o material.

c) **Ela** convidou **Denise** para a festa de aniversário.

 Sublinhe os pronomes pessoais retos e circule os pronomes pessoais oblíquos.

a) Ela comprou um vestido, mas não vai usá-lo.

b) Ele trouxe consigo os documentos necessários.

c) Nós ficamos assustados com o que aconteceu contigo.

d) Eu ficarei muito grata quando concordarem comigo.

e) Vós levareis sempre convosco essa lembrança.

 Indique, com uma seta, a palavra a que os pronomes em destaque se referem.

Não vi Júlia hoje. Acho que **ela** não veio.

a) Um dia tudo isto será de nosso filho. Quero vê-**lo** feliz.

b) Marco, você não vai conseguir **se** equilibrar com este sapato!

c) O presidente já foi informado de tudo. **Ele** deve chegar logo.

d) O réu tinha medo da lei e temia enfrentá-**la**.

 Leia atentamente as frases seguintes. Você poderá notar a presença de palavras repetidas. Reescreva essas frases eliminando essa repetição. Para isso você poderá usar dois recursos:

1º) eliminar essas palavras;

2º) substituir as palavras repetidas por pronomes pessoais retos ou oblíquos.

177

PALAVRAS

a) A Terra é o planeta em que vivemos. A Terra gira em torno de si mesma, por isso há o dia e a noite.

b) O pai foi procurar o filho na escola, mas o pai não encontrou o filho.

c) Ronaldinho matou a bola no peito, Ronaldinho ajeitou a bola com classe e chutou a bola com muita força, marcando o primeiro gol da partida.

9 **No texto seguinte o narrador está fora da história. Reescreva-o com o narrador dentro da história, contando como se fosse a personagem Marcinho.**

Naquele dia, Marcinho não quis ir à Escola Rural. Estavam vacinando os alunos e ele morria de medo de injeção. A mãe pedia-lhe:

– Vai, meu bem. Não vai doer nada.

– Não vou, dói sim.

O tio quis levá-lo à força. Marcinho aprontou um berreiro, esperneou, deu chutes e falou nomes feios. Os outros garotos diziam que não doía nadinha, era só uma pena de galinha espetada na carne e pronto.

– Num vou... É mentira, dói sim! Num vou mesmo, é besteira!

O furta-sonos e outras histórias, Elias José.

178

10 Observe os desenhos e escreva uma frase sobre eles, usando pronomes pessoais do caso oblíquo.

Classificação dos pronomes

Pronome demonstrativo

Observe a posição da peteca no quadro abaixo:

As palavras **esta**, **essa**, **aquela** indicam as diferentes posições da peteca em relação à pessoa que fala. São **pronomes demonstrativos**.

- **Esta** peteca: a peteca está perto da pessoa que fala.

- **Essa** peteca: a peteca está perto da pessoa com quem se fala.

- **Aquela** peteca: a peteca está longe da pessoa que fala e da pessoa com quem se fala.

Pronomes demonstrativos

este	esta	isto
esse	essa	isso
aquele	aquela	aquilo

Pronome possessivo

Você encontrou **meu** livro?
↓ ↓
pronome substantivo
possessivo

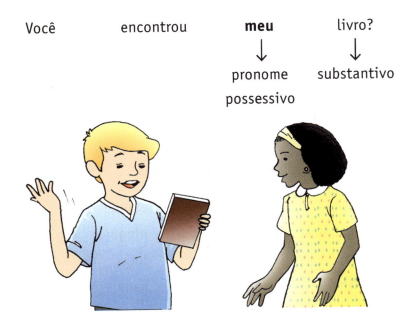

A palavra **meu** refere-se ao substantivo, indicando **posse**. Denomina-se **pronome possessivo**.

Pronomes possessivos

meu	minha	meus	minhas
teu	tua	teus	tuas
seu	sua	seus	suas
nosso	nossa	nossos	nossas
vosso	vossa	vossos	vossas
seu	sua	seus	suas

Pronome indefinido

Alguns alunos chegaram atrasados.
↓ ↓
pronome substantivo
indefinido

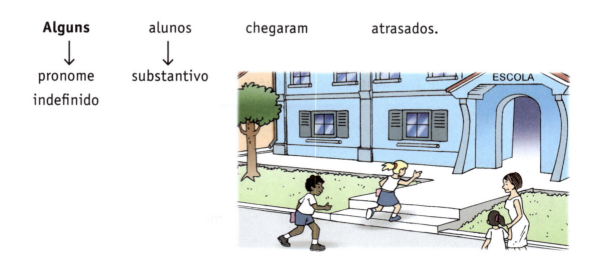

A palavra **alguns** refere-se ao substantivo, dando-lhe ideia vaga, imprecisa, indefinida. Trata-se de **pronome indefinido**.

Pronomes indefinidos

algum	pouco	alguém
nenhum	muito	ninguém
todo	certo	tudo
outro	qualquer	nada
vários		

Pronome interrogativo

Quem sabe cantar?
Que música você sabe cantar?
Quantas músicas você vai cantar?

Empregamos os pronomes **quem**, **que**, **quantas** para formar frases interrogativas. São **pronomes interrogativos**.

ATIVIDADES

1 Observe os quadrinhos e escreva uma frase sobre cada um deles usando pronomes possessivos.

....
....

....
....

....
....

PALAVRAS

183

PALAVRAS

 Você conhece o poeta português Fernando Pessoa? São dele as quadrinhas que você vai ler a seguir. Nelas estão faltando os pronomes indefinidos. Escreva-os nos espaços.

Lá vem o homem da capa

Que _____ sabe quem é...

Se o lenço os olhos te tapa

Vejo os teus olhos por fé.

Não digas mal de _____,

Que é de ti que dizes mal.

Quando dizes mal de _____

Tudo no mundo é igual.

Levas uma rosa ao peito

E tens um andar que é teu...

Antes tivesses o jeito

De amar _____, que sou eu.

Não sei em que coisas pensas

Quando coses sossegada...

Talvez naquelas ofensas

Que fazes sem dizer _____.

Meu amor é fragateiro

Eu sou a sua fragata.

_____ vão atrás do cheiro,

_____ vão só pela arreata.

Obra poética, Fernando Pessoa.

3 Construa pelo menos três frases interrogativas com base no texto abaixo. Use, para isso, pronomes interrogativos.

Minhoca ou minhoco?

As minhocas pertencem ao grupo dos anelídeos, que, como o nome sugere, são seres que têm o corpo formado por anéis. Em geral, elas vivem na terra, mas têm também muitos parentes em lagos, rios e mares. Só no grupo delas, existem cerca de 3.100 espécies, sendo que as mais conhecidas têm em torno de 15 centímetros de comprimento. (...)

Quem se amarra em curiosidades pode pegar o caderninho para anotar mais essa: uma única minhoca possui os dois sexos, ou seja, tem aparelho reprodutor masculino e feminino ao mesmo tempo. Por isso, é chamada hermafrodita. Mas não vá pensando que ela pode se reproduzir sozinha. Para gerar filhotes, é necessário que ocorra o acasalamento entre dois indivíduos.

À noite, as minhocas vão para a superfície do solo e ficam acasaladas por duas ou três horas, uma fecundando a outra. Depois elas se separam e cada uma produz um casulo que protege entre 10 e 20 ovos.

Ciência hoje das crianças, nº 66.

1. _____
2. _____
3. _____

4 Sublinhe e classifique os pronomes.

a) Minha prima tem olhos azuis.

b) Poucas pessoas conhecem esta música.

c) Meu irmão namora aquela garota.

PALAVRAS

 5 Sublinhe os pronomes presentes nos quadrinhos:

IPRESS

Verbos

Festa no brejo

A saparia desesperada
coaxa coaxa coaxa.
O brejo vibra que nem caixa
de guerra.
Os sapos estão danados.
A lua gorda apareceu
e clareou o brejo todo.
Até à lua sobe o coro
da saparia desesperada.
A saparia toda de Minas
coaxa no brejo humilde.
Hoje tem festa no brejo!

Obra completa, Carlos Drummond de Andrade.

Observe as palavras destacadas:

> Os sapos **coaxam**.
> Os sapos **estão** desesperados.
> **Chove** muito no brejo.

COAXAM ⟶ indica **ação**.
ESTÃO ⟶ indica **estado**.
CHOVE ⟶ indica **um fenômeno da natureza**.

As palavras que indicam ação, estado ou fenômeno da natureza pertencem à classe dos **verbos**.

> **Verbo** é uma classe de palavras que indica ação, estado ou fenômeno da natureza.

187

PALAVRAS

ATIVIDADES

 Construa uma frase para cada quadrinho, dizendo o que cada personagem faz. Grife a palavra que indica a ação.

O que faz:

a) uma tartaruga?

b) um peixe?

c) um macaco?

d) um bebê?

PALAVRAS

3 Na sua vida, você realiza muitas ações. Para transmiti-las, você usa principalmente palavras de ação (verbos). Imagine uma série de ações possíveis que um aluno pode realizar durante uma aula e escreva-as no espaço abaixo.

4 As palavras de cada item indicam ação. Pertencem à classe dos verbos. Construa com essas palavras uma frase.

a) sair – ver – abraçar

b) driblar – chutar – marcar

c) correr – escorregar – cair

d) olhar – piscar – sorrir

5 Observe este mapa do tempo:

Escreva três frases com base nas informações presentes no mapa. Uma frase deve ser formada com verbo de ação; outra, com verbo de estado e a última, com verbo que indica fenômenos da natureza.

a) Verbo de ação

_____

b) Verbo de estado

_____

c) Verbo de fenômeno da natureza

_____

191

PALAVRAS

6 Copie, de um jornal ou revista, notícias em que apareçam verbos de ação, de estado e de fenômeno da natureza. Sublinhe esses verbos. Depois, agrupe-os de acordo com o que indicam: ação, estado ou fenômeno da natureza.

7 Sublinhe os verbos.

a) A menina ficou calada.

b) Trovejou muito durante a noite.

c) Paulinho abriu a porta de sua casa.

d) Uma andorinha pousou nos fios elétricos.

8 Construa uma frase com os seguintes verbos:

a) dormir / sonhar

b) correr / cair

c) ver / chorar

d) correr / chegar

9 Complete as frases com um dos verbos que transmitem estado.

a) A noite _____ calma.

b) Todos _____ atentos.

c) A menina _____ calada.

d) Você _____ uma estátua.

192

10 Grife os verbos que indicam fenômeno da natureza.

a) Trovejou muito, por isso não saímos de casa.

b) Na Europa, neva durante o inverno.

c) Choveu torrencialmente nestes últimos dias.

11 Sublinhe os verbos no texto abaixo:

Sanduíche de atum

Ingredientes:
- 1 pão de fôrma
- ½ xícara (chá) de cenoura ralada fina
- algumas rodelas de azeitonas pretas ou verdes
- 2 xícaras (chá) de maionese
- 1 tomate cortado em rodelas finas
- 1 xícara (chá) de alface picada fina
- 1 lata de atum em conserva
- 2 colheres (sopa) de ketchup
- 1 colher (sopa) de mostarda

Utensílios: 3 bacias pequenas ou pratos fundos, xícara (chá), colher (sopa), espátula, cortador de peixinho, ralador, faca sem ponta.

Rendimento: 4 porções.

1. Misture, em uma bacia pequena ou prato fundo, 1 xícara de maionese, o ketchup e a mostarda.

2. Misture, em outra bacia pequena ou prato fundo, o atum escorrido e 1 xícara de maionese.

3. Passe, com a espátula, este creme em uma fatia de pão.

4. Cubra com alface.

PALAVRAS

5. Passe, com a espátula, em outra fatia de pão, um pouco da maionese temperada.

6. Feche o sanduíche e corte com o cortador de peixinho.

7. Passe maionese por cima do pão e decore: olhos de azeitona, nadadeiras de tomate e escamas de cenoura. Use a imaginação para fazer lindos peixinhos!

8. Repita as etapas com o restante das fatias de pão de fôrma.

Você sabia?

John Montague, quarto conde de Sandwich (Inglaterra), adorava jogar cartas. Em certa noite de 1762, em Londres, durante uma partida de cartas, ele pediu um lanche feito de pão, um bife e uma fatia de queijo. Dessa maneira, ele poderia segurar a comida com uma mão e as cartas com a outra. Seus amigos gostaram da ideia e pediram "o mesmo que Sandwich".

Um tico-tico no fubá – sabores da nossa história, Gisela Tomanik Berland.

Pessoas do verbo

Infinito amor

Vamos
brincar
de
amor?
Eu
te
amo,
tu
me
amas...
– Pra
sempre?
– Por
três
semanas!

A poesia é uma pulga,
Sylvia Orthof.

Observe a mudança na terminação do verbo:

> Eu te am**o**
> Tu me am**as**

Você pode notar que o verbo mudou a terminação para indicar a **pessoa** (quem?). São **três** as pessoas do verbo e **dois** os números (singular e plural).

195

PALAVRAS

	Verbo	Pessoa	Número
Eu	am**o**	1ª pessoa	singular
tu	am**as**	2ª pessoa	singular
ele/ela	am**a**	3ª pessoa	singular
nós	am**amos**	1ª pessoa	plural
vós	am**ais**	2ª pessoa	plural
eles/elas	am**am**	3ª pessoa	plural

1 Observe as figuras e escreva uma frase para cada uma delas. Nas suas frases, use pronomes pessoais.

196

PALAVRAS

PALAVRAS

 Reescreva, em seu caderno, o texto, acrescentando mais uma personagem: o irmão de Marcinho. Faça as alterações que forem necessárias.

Naquele dia, Marcinho não quis ir à Escola Rural. Estavam vacinando os alunos e ele morria de medo de injeção. A mãe pedia-lhe:

– Vai, meu bem. Não vai doer nada.

– Não vou, dói, sim.

O tio quis levá-lo à força. Marcinho aprontou um berreiro, esperneou, deu chutes e falou nomes feios. Os outros garotos diziam que não doía nadinha, era só uma pena de galinha espetada na carne e pronto.

– Num vou... É mentira, dói sim! Num vou mesmo, é besteira!

O furta-sonos e outras histórias, Elias José.

Você pode começar seu texto assim:

Naquele dia, Marcinho e seu irmão...

 Os versinhos que você vai ler a seguir são trechos de cantigas de roda de diferentes lugares do Brasil. Neles estão faltando os pronomes pessoais. Escreva nos espaços os pronomes que faltam.

Joguei meu chapéu pra riba
Pra ver onde _____ caía;
Caiu no colo da moça,
Era isso que _____ queria!

As meninas da Europa,
_____ são namoradeiras.
Nem imitam nem igualam
As meninas brasileiras.

_____ diz que amor não dói,
Amor dói no coração.
Queira bem e viva ausente, ô iaiá!
Veja lá se dói ou não.

198

Pirulito que bate, bate,

Pirulito que já bateu.

Quem gosta de mim, é _____ ;

Quem gosta dela, sou _____ .

Maria, _____ vais ao baile,

Me "leva" o xale,

Que vai chover.

E depois, de madrugada,

Toda molhada,

_____ vais morrer.

Brincando de roda, Iris Costa Novaes.

4 Marque com X a pessoa e o número dos verbos:

Verbo	1ª pessoa	2ª pessoa	3ª pessoa	singular	plural
falei	( )	( )	( )	( )	( )
saímos	( )	( )	( )	( )	( )
escreveste	( )	( )	( )	( )	( )
chorou	( )	( )	( )	( )	( )
desenharam	( )	( )	( )	( )	( )

5 Reescreva as frases no mesmo tempo do verbo mudando a pessoa: da 3ª pessoa do singular para a 3ª pessoa do plural.

a) Ele comprou o livro.

_____

b) Ela assistiu ao filme.

_____

199

PALAVRAS

c) Ela conversará com o diretor.

d) Ele pesquisará sobre o assunto.

e) Ele venceu a partida.

f) Você apresentará o trabalho.

6 Observe:

> Você descobriu o segredo?
>
> Tu descobriste o segredo?

São duas formas que a língua portuguesa possui para se dirigir à pessoa com quem se fala. Use a segunda forma nas frases seguintes.

a) Você já ouviu esta música?

b) Você participou do sorteio?

c) Você tem este livro?

Tempos do verbo

Observe:

O verbo mudou a terminação para indicar o **tempo** (quando?).

São três os tempos do verbo:

O tempo passado, chamado de pretérito, divide-se em:
- **pretérito imperfeito:** fato passado não terminado;
- **pretérito perfeito:** fato passado terminado.

Observe a diferença entre os verbos da frase seguinte:

A lua **brilhava** quando eu te **beijei**.

Brilhava e **beijei** estão no tempo passado. Há, porém, uma diferença entre eles:
- **brilhava** indica um fato passado, mas que ainda não foi terminado. Por isso dizemos que está no tempo **pretérito imperfeito**;
- **beijei** indica um fato passado, que já foi terminado. Por isso dizemos que está no tempo **pretérito perfeito**.

PALAVRAS

ATIVIDADES

1 No texto que você vai ler a seguir estão faltando alguns verbos. Complete-o com os verbos do quadro, usando-os nas pessoas, no número e no tempo adequados.

> chorar – continuar – avistar – servir – desaparecer
> desanuviar – encontrar – esconder-se – conduzir
> demorar – ensopar – mergulhar – contar – inundar – encharcar

A paixão atormentada do rei Sol
História do dilúvio segundo uma lenda do Equador, América do Sul

Quando o rei Sol dominava o mundo, costumava tomar a forma humana na ilha das tartarugas. Certo dia, passeando à beira-mar, _____ uma menina tão linda que ficou louco de paixão! Mas ela _____ nas ondas e _____. Desesperado, o Sol _____ entre as nuvens e _____ amargamente.

Lágrimas grossas _____ a terra, _____ as plantas, _____ os homens e os animais. No começo, ainda houve gritos e lamentos, mas de pouco _____, pois a alma do Sol _____ a desfazer-se num pranto torrencial!

Antes que o mundo acabasse de vez, uma velha e sábia tartaruga partiu, por sua conta e risco, à procura da mulher que podia pôr fim à tempestade. _____-a no fundo do mar, _____-lhe tudo e _____ à presença do rei, que, exausto de tanto chorar, dormitava entre castelos de nuvens cinzentas. A alegria do encontro _____ a atmosfera. Embora não tenha chovido mais, o nível das águas _____ a baixar.

Os oceanos – Sonhos, mitos e realidades, Ana Maria Magalhães e Isabel Alçada.

202

PALAVRAS

Em que tempo vocês usaram os verbos com que completaram o texto? Por quê?

....

 Com base no texto que se segue, escreva três fases, usando os verbos no tempo futuro.

A bem próxima Era do Gelo

Alguns estudiosos pensam que a próxima Era do Gelo pode começar a qualquer momento [...]. Robert W. Felix [...] está entre os que acreditam que existe a possibilidade de sermos todos engolfados por gelo ainda nesta geração.

Robert lista uma série de ocorrências que sugerem que a temperatura global está mudando rapidamente. Em abril de 2003, por exemplo, mais de 200 toneladas de bacalhau morreram congeladas por causa da mais baixa temperatura registrada nas últimas décadas nas águas da Baía Trinity, na Terra Nova. [...]

Terrence Joyner [...] acha que a nova Era do Gelo poderá começar em apenas dez anos.

www.iceagenow.com. Acesso em nov. 2005.

a) ....

b) ....

c) ....

 Leia o texto:

Em 3 de agosto de 1492, comandando uma nau e duas caravelas, Colombo partiu em sua ousada jornada rumo à outra margem do Atlântico. Empurrada pelos ventos que "alisam" o mar (os alísios), sua diminuta frota navegou por pouco mais de um mês.

Brasil: terra à vista! – A aventura ilustrada do descobrimento, Eduardo Bueno.

PALAVRAS

a) O texto que vocês leram foi retirado de um livro. Qual pode ser o assunto do livro?

b) Em que tempo estão os verbos nesse trecho do livro? Por quê?

4 **Observe:**

> **Vou sair** bem cedo.
>
> **Sairei** bem cedo.

Essas duas formas indicam o tempo futuro de uma ação. Use a segunda forma.

a) **Vou conversar** com papai hoje à noite.

b) O professor **vai defender** os nossos direitos.

c) Elas **vão aceitar** a nossa proposta.

Conjugações do verbo

A menina era quase loira. De leve andava em maciez nos passos, e o ar movia numa carícia o seu vestido lindo no estampado em flores.

(...)

Era assim a menina em uniforme azul e branco. Falando a tabuada, conjugando os verbos. Na multiplicação dos seus inúmeros encantos, no indicativo de seu ser presente e no futuro de seu estar no mundo.

Na voz de todos:

– Eu compre-*endo*, tu compre-*endes*... vós compre-*endeis*...

E o pensamento dela:

Eu te amo, tu me amas, ele também me ama.

Olhos de gude, Libério Neves.

and**ar**   vend**er**   sub**ir**

Quando não indicam tempo nem pessoa, os verbos terminam em **-ar, -er** ou **-ir**. Nesse caso, dizemos que o verbo está no **infinitivo**.

- Os verbos terminados em **-ar** pertencem à **1ª conjugação**.
- Os verbos terminados em **-er** pertencem à **2ª conjugação**.
- Os verbos terminados em **-ir** pertencem à **3ª conjugação**.

fal**ar**	→	**-AR**	→	1ª conjugação
vend**er**	→	**-ER**	→	2ª conjugação
sub**ir**	→	**-IR**	→	3ª conjugação

PALAVRAS

ATIVIDADES

 Leia o texto, copie no quadro os verbos que aparecem nele, dê o infinitivo correspondente e a conjugação a que pertencem.

Os livros de viagens

A partir do século XII, alguns aventureiros se arriscaram a percorrer terras desconhecidas e escreveram relatos sobre as suas viagens. Foi o caso do árabe El-Edrisi, que viajou pelo Norte da África e recolheu informações sobre percursos de outros viajantes; do veneziano Marco Polo, que partiu com o pai, integrado numa caravana da **rota da seda** e chegou à China; e do árabe Ibn Batuta, que também se embrenhou pela África, atingindo Tombuctu.

Os livros desses autores continham informações certas, outras imprecisas e outras erradas. Os leitores da época, no entanto, não se preocupavam muito com essas distinções. De certo modo, um livro de geografia era o mesmo que um livro de maravilhas.

Os oceanos – Sonhos, mitos e realidades, Ana Maria Magalhães e Isabel Alçada.

PALAVRAS

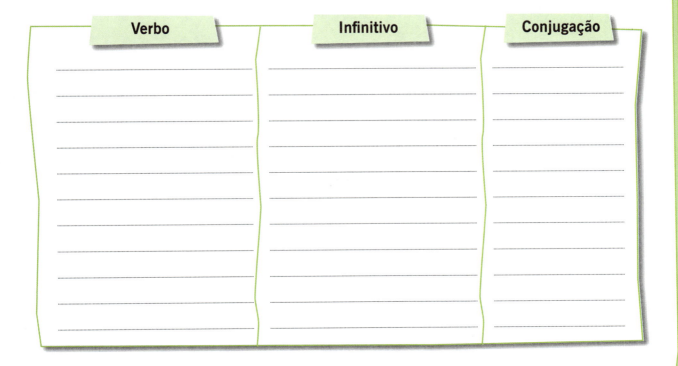

Verbo	Infinitivo	Conjugação

 2 Em uma folha à parte, faça três desenhos que mostrem ações.

Os verbos que expressam essas ações devem ser da 1ª, da 2ª e da 3ª conjugações.

Troque a sua folha com um colega de classe.

Cada um deverá escrever uma frase, com base nos desenhos, usando verbos de cada conjugação.

Depois, troquem outra vez as folhas e confiram as frases escritas.

Verbos regulares

O verbo é formado de duas partes. Observe:

	Parte 1	Parte 2
estudo	estud	-o
estudas	estud	-as
estuda	estud	-a
estudamos	estud	-amos
estudais	estud	-ais
estudam	estud	-am

A parte 1 informa o significado do verbo. Denomina-se **radical**.

A parte 2 informa a pessoa, o número e o tempo. Denomina-se **terminação**.

Há verbos que, em sua conjugação, não apresentam nenhuma mudança no radical. Chamam-se **verbos regulares**.

Há outros verbos que, em sua conjugação, apresentam mudanças no radical. Chamam-se **verbos irregulares**.

Verbos regulares

falar	vender
fal-o	vend-o
fal-as	vend-es
fal-a	vend-e
fal-amos	vend-emos
fal-ais	vend-eis
fal-am	vend-em

Verbos irregulares

subir	ouvir
sub-o	**ouç**-o
sob-es	ouv-es
sob-e	ouv-e
sub-imos	ouv-imos
sub-is	ouv-is
sob-em	ouv-em

208

PALAVRAS

Verbos regulares

1ª conjugação	2ª conjugação	3ª conjugação
Verbos terminados em **-ar** CANT**AR**	Verbos terminados em **-er** VEND**ER**	Verbos terminados em **-ir** PART**IR**

Presente

eu	cant**o**	vend**o**	part**o**
tu	cant**as**	vend**es**	part**es**
ele	cant**a**	vend**e**	part**e**
nós	cant**amos**	vend**emos**	part**imos**
vós	cant**ais**	vend**eis**	part**is**
eles	cant**am**	vend**em**	part**em**

Pretérito perfeito

eu	cant**ei**	vend**i**	part**i**
tu	cant**aste**	vend**este**	part**iste**
ele	cant**ou**	vend**eu**	part**iu**
nós	cant**amos**	vend**emos**	part**imos**
vós	cant**astes**	vend**estes**	part**istes**
eles	cant**aram**	vend**eram**	part**iram**

Pretérito imperfeito

eu	cant**ava**	vend**ia**	part**ia**
tu	cant**avas**	vend**ias**	part**ias**
ele	cant**ava**	vend**ia**	part**ia**
nós	cant**ávamos**	vend**íamos**	part**íamos**
vós	cant**áveis**	vend**íeis**	part**íeis**
eles	cant**avam**	vend**iam**	part**iam**

PALAVRAS

Futuro		
eu cantarei	venderei	partirei
tu cantarás	venderás	partirás
ele cantará	venderá	partirá
nós cantaremos	venderemos	partiremos
vós cantareis	vendereis	partireis
eles cantarão	venderão	partirão

ATIVIDADES

 1 As frases seguintes foram ditas por pessoas famosas. Reescreva-as, empregando os verbos nos tempos indicados nos parênteses.

a) "Preciso de autoridade ainda que não acredite nela." (Ernest Jüng, filósofo alemão) – (pretérito imperfeito)

b) "Os olhos deviam aprender com a razão." (J. Kepler, astrônomo alemão) – (presente)

c) "Nomeio o maior de todos os inventores: o acaso." (Mark Twain, escritor americano) – (futuro)

d) "Quem mata o tempo não é assassino: é um suicida." (Millôr Fernandes, humorista brasileiro) – (pretérito perfeito)

210

2 Os fatos abaixo foram narrados no tempo passado. Reescreva-os no tempo presente.

Um mosquito **pousou** no chifre de um touro e lá **ficou** por muito tempo. Depois **voou** e **perguntou** ao touro:

– O meu peso não o **incomodou**?

_____
_____
_____

3 Reescreva o texto, passe os verbos que estão no infinitivo para o pretérito perfeito.

Naquele dia, o homem **chegar** depois das oito. **Tirar** o paletó e a gravata, **sentar-se** no sofá da sala e **ligar** a televisão. O telefone **tocar**. Ele **atender**. Do outro lado, uma voz desconhecida **oferecer-lhe** a assinatura de uma revista. **Agradecer** com educação, apesar do extremo cansaço e da impaciência, e **adormecer** em frente à televisão.

_____
_____
_____
_____
_____

 4 Leia, agora, este outro texto:

Todos os dias, o homem chegava depois das oito. Tirava o paletó e a gravata, sentava no sofá da sala e ligava a televisão. E assim ele adormecia. Acordava com fome, preparava um lanche rápido e se jogava na cama, sempre morto de cansaço.

PALAVRAS

a) Em que tempo estão os verbos usados nesse texto?

b) Qual a diferença entre os fatos contados nesse texto e no texto anterior?

c) Qual é a conclusão que você pode tirar do texto acima sobre o uso do pretérito imperfeito?

5 **Escreva um pequeno texto em que apareçam estes verbos regulares, usando-os no presente.**

> gostar – dormir – aceitar – decidir – comer

6 **Escreva os verbos nos espaços, flexionando-os. A seguir, sublinhe as palavras em que você se baseou para indicar o tempo verbal.**

Hoje você não (gostar) _____ de muita coisa que é obrigado a fazer, mas um dia você (analisar) _____ as coisas com mais maturidade e (perceber) _____ o valor delas. Antes eu (pensar) _____ da mesma maneira que você, mas (mudar) _____ muito com o passar do tempo.

Em que tempo verbal foi usado cada um desses verbos?

gostar _____   analisar _____

perceber _____   pensar _____

mudar _____

Verbos irregulares

	Pôr	Fazer	Trazer	Querer

Presente

	Pôr	Fazer	Trazer	Querer
eu	ponho	faço	trago	quero
tu	pões	fazes	trazes	queres
ele	põe	faz	traz	quer
nós	pomos	fazemos	trazemos	queremos
vós	pondes	fazeis	trazeis	quereis
eles	põem	fazem	trazem	querem

Pretérito perfeito

	Pôr	Fazer	Trazer	Querer
eu	pus	fiz	trouxe	quis
tu	puseste	fizeste	trouxeste	quiseste
ele	pôs	fez	trouxe	quis
nós	pusemos	fizemos	trouxemos	quisemos
vós	pusestes	fizestes	trouxestes	quisestes
eles	puseram	fizeram	trouxeram	quiseram

Pretérito imperfeito

	Pôr	Fazer	Trazer	Querer
eu	punha	fazia	trazia	queria
tu	punhas	fazias	trazias	querias
ele	punha	fazia	trazia	queria
nós	púnhamos	fazíamos	trazíamos	queríamos
vós	púnheis	fazíeis	trazíeis	queríeis
eles	punham	faziam	traziam	queriam

213

PALAVRAS

Pôr	Fazer	Trazer	Querer
Futuro			
eu porei	farei	trarei	quererei
tu porás	farás	trarás	quererás
ele porá	fará	trará	quererá
nós poremos	faremos	traremos	quereremos
vós poreis	fareis	trareis	querereis
eles porão	farão	trarão	quererão

ATIVIDADES

 1 Escolha uma forma verbal de cada verbo que aparece nos quadros anteriores. Procure variar as pessoas, o número e o tempo.

Escreva quatro frases em que essas formas verbais devam ser usadas. Mas, no lugar delas, deixe um espaço em branco ou faça um traço.

Passe as suas frases para um colega completar, e complete as dele. Depois, confiram as respostas.

 2 Complete com o verbo entre parênteses no tempo adequado.

a) Ontem, ele _____ as lições à tarde. (fazer)

b) Todo dia a menina _____ uma flor na mão. (trazer)

c) Eu _____ um recado de seu pai amanhã. (trazer)

d) A galinha _____ um ovo por dia. (pôr)

214

PALAVRAS

 3 Vamos ver quem consegue inventar uma história mais absurda ou mais humorística em que apareçam, em qualquer tempo ou pessoa, os verbos:

| PÔR | FAZER | TRAZER | QUERER |

215

Verbos ter, haver, ser, estar

Ter	Haver	Ser	Estar
Presente			
eu tenho	hei	sou	estou
tu tens	hás	és	estás
ele tem	há	é	está
nós temos	havemos	somos	estamos
vós tendes	haveis	sois	estais
eles têm	hão	são	estão
Pretérito perfeito			
eu tive	houve	fui	estive
tu tiveste	houveste	foste	estiveste
ele teve	houve	foi	esteve
nós tivemos	houvemos	fomos	estivemos
vós tivestes	houvestes	fostes	estivestes
eles tiveram	houveram	foram	estiveram
Pretérito imperfeito			
eu tinha	havia	era	estava
tu tinhas	havias	eras	estavas
ele tinha	havia	era	estava
nós tínhamos	havíamos	éramos	estávamos
vós tínheis	havíeis	éreis	estáveis
eles tinham	haviam	eram	estavam

PALAVRAS

Ter	Haver	Ser	Estar
Futuro do presente			
eu terei	haverei	serei	estarei
tu terás	haverás	serás	estarás
ele terá	haverá	será	estará
nós teremos	haveremos	seremos	estaremos
vós tereis	havereis	sereis	estareis
eles terão	haverão	serão	estarão

 Vamos fazer uma brincadeira?

Reúna-se com mais dois colegas de classe. Tirem par ou ímpar para resolver quem começa.

A brincadeira é assim:

- Quem começa deve dizer:

    Eu sou (fui, era)...

- Outra pessoa do grupo deve completar com alguma característica:

    Eu sou (fui) (*feliz, corajoso, chato...*)

- A terceira pessoa deve continuar a frase, com uma das palavras sugeridas usando o verbo **ter**:

    Eu sou (fui) (*corajoso...*), ***por isso*** (*quando, mas, ...*) **tenho** (*tinha, era*) ...

Escrevam a frase completa no caderno.

Agora é a vez de outro do grupo começar a frase, mas mudando a pessoa do verbo:

Tu és...

217

PALAVRAS

Um outro tem que dizer uma ou mais palavras e o último deve completar a frase.

Procurem evitar ideias repetidas. Anotem cada frase no caderno.

Continuem até conjugar em todas as pessoas o verbo *ser* e *ter* no presente e no pretérito imperfeito.

 2 Reescreva os textos seguintes em seu caderno, flexione os verbos destacados no pretérito perfeito ou imperfeito.

Texto 1

Pedrinho **chegar** da escola feliz da vida. Não **ter** nenhuma lição pra fazer naquela sexta-feira. Já **pensar**, ter uma tarde inteira e mais dois dias de descanso e brincadeira. **Ser** muito felicidade para um garoto só. Mas a felicidade ele **repartir** com os amigos da rua, enquanto **jogar** bola.

Texto 2

Tião

Tião **ser** um menino muito triste.
Não **ter** casa, não **ter** pai, não **ter** mãe.
Viver sozinho na rua.
Comer restos de comida.
Passar no bar do senhor Manuel e **pedir**:
– Dá um pão.
Passar na casa de Carlos e **falar**:
– Tem alguma coisa pra dar?
A mãe de Carlos **dar** um pedaço de pão.
Tião **comer** e **matar** um pouco a fome.
Mas Tião **continuar** sem casa, sem pai, sem mãe.
Sem pão e sem amor.

Advérbio

O menino maluquinho

O menino maluquinho era muito sabido.
Ele sabia de tudo.
A única coisa que ele não sabia
era como ficar quieto.

Seu canto,
seu riso,
seu som,
nunca estavam onde ele estava.

Se quebrava um vaso aqui,
logo já estava lá.

Às vezes cantava lá
e logo já estava aqui.

Pra uns, era um uirapuru;
pra outros, era um saci.

O menino maluquinho, Ziraldo.

219

PALAVRAS

Observe as palavras destacadas:

> Se quebrava um vaso **aqui**,
> **logo já** estava **lá**.

Essas palavras referem-se ao verbo e indicam **quando** (tempo) e **onde** (lugar) acontece uma ação.

Tempo e **lugar** são algumas das **situações** ou das **circunstâncias** de uma ação. As palavras da língua que indicam situações ou circunstâncias pertencem à classe dos **advérbios**.

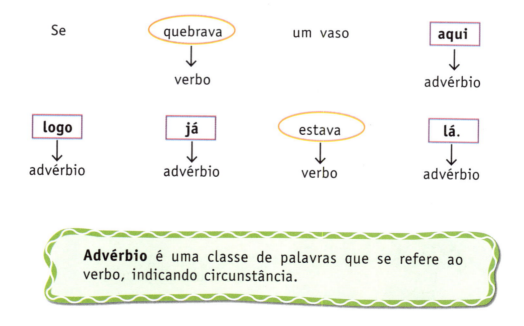

Advérbio é uma classe de palavras que se refere ao verbo, indicando circunstância.

O advérbio é classificado de acordo com a circunstância que ele indicar ao verbo.

220

Classificação	Advérbios
Afirmação	sim, certamente, realmente...
Dúvida	acaso, possivelmente, provavelmente, talvez...
Intensidade	bastante, bem, demais, mais, menos, muito, pouco, quase, tão, assaz...
Lugar	abaixo, acima, adiante, aí, além, ali, aquém, aqui, atrás, cá, dentro, defronte, fora, lá, longe, perto...
Modo	assim, bem, debalde, depressa, devagar, mal, melhor, pior e quase todos os terminados em **-mente**: finalmente, levemente...
Negação	não.
Tempo	agora, ainda, amanhã, anteontem, antes, breve, cedo, depois, então, hoje, já, jamais, logo, nunca, ontem, outrora, sempre, tarde...

 1 Observe as figuras e escreva uma frase sobre cada uma delas. Em cada frase, use um advérbio.

PALAVRAS

 2 Reescreva as frases, acrescentando um dos advérbios de tempo da relação abaixo:

> cedo – sempre – tarde – jamais – ontem – agora – nunca – amanhã

a) Concordamos com sua decisão.

b) É possivel que eu venha.

c) Todos devem chegar ao colégio.

PALAVRAS

d) O homem se preocupou em conhecer a natureza.

e) Ninguém poderá ausentar-se da reunião.

f) Foram resolvidos vários problemas.

g) Alguns alunos voltaram às suas casas.

h) Sua conclusão será aceita.

3 **Substitua as expressões destacadas por um advérbio de modo.**

a) Respondeu à pergunta **com calma**. (_____)

b) Faz tudo **com tranquilidade**. (_____)

c) Trabalha **com alegria.** (_____)

d) Entrou em casa **em silêncio.** (_____)

e) Conversa com todos **com educação**. (_____)

4 **Acrescente às frases um dos advérbios de modo da relação abaixo:**

bem – mal – devagar – depressa – ansiosamente

detalhadamente – violentamente

a) Gabriel esperava a namorada _____.

b) Joga muito _____ voleibol.

c) O guia explicou _____ o roteiro.

d) Ontem, ele não estava sentindo-se _____.

e) Aqueles dois veículos colidiram _____.

f) Andava _____ pelas ruas, observando o movimento.

g) Andava _____ para poder chegar cedo ao clube.

223

PALAVRAS

5 **Amplie as frases, acrescentando advérbios de intensidade.**

a) Para saber escrever, é preciso ler _____ .

b) Antes de falar, procure pensar _____ .

c) Eu sei que você sente _____ a morte da tartaruguinha...

d) Não sei _____ o que fazer.

e) Por causa do trânsito, eu _____ perdi o exame.

f) Às vezes, falamos _____ do que sabemos.

6 **Sublinhe os advérbios que aparecem no trecho seguinte:**

Não chovia há muitos e muitos meses, de modo que os animais ficaram inquietos. Uns diziam que ia chover logo, outros diziam que ainda ia demorar. Mas não chegavam a uma conclusão.

Fábulas fabulosas, Millôr Fernandes.

7 **Copie as frases retirando os advérbios.**

a) Correu bastante, por isso chegou rapidamente ao colégio.

_____

b) Ele chegou muito cansado, mas já está bem-disposto.

_____

Preposição

Menino procura com urgência
um vale azul para morar.
Um vale onde a aurora desperte as coisas
suavemente e as manhãs
tenham gosto de jabuticaba.
Um vale onde todos andem
de mãos dadas e onde toda fome seja saciada.
Um vale onde os riachos cantem
enchendo tudo de azul,
inclusive o coração do menino.

Classificados poéticos, Roseana Murray.

Observe a palavra destacada:

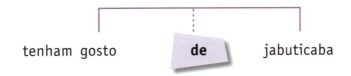

tenham gosto **de** jabuticaba

A palavra **de** está ligando uma palavra à outra. Pertence à classe das **preposições**.

> **Preposição** é uma classe de palavras que liga duas palavras entre si.

225

PALAVRAS

Vamos conhecer as palavras que pertencem à classe das preposições?

Preposições

a	com	em	por
ante	contra	entre	sem
após	de	para	sob
até	desde	perante	sobre

ATIVIDADES

1 **Complete as frases com a preposição adequada.**

a) Ele precisa _____ carinho.

b) Irei _____ você ao sítio.

c) Nós oferecemos flores _____ a professora.

d) Ela faz tudo _____ mim.

e) Gosto _____ café _____ leite.

f) Os alunos simpatizaram _____ o novo colega.

2 **Reescreva as frases substituindo as palavras destacadas por outras que tenham o mesmo sentido: embaixo de, em cima de.**

a) A bola está **sobre** a mesa.

_____

b) A bola está **sob** a mesa.

_____

226

3 Ficaram faltando algumas preposições no texto que se segue. Escreva-as nos espaços.

As famílias _____ ariranhas são unidas e não admitem intrusos. _____ isso, topar _____ outro grupo pode causar briga e, _____, morte. Na água, as ariranhas _____ uma mesma família patrulham seu território nadando e emitindo sons. _____ terra, constroem locas – abrigos cavados nos barrancos –, _____ servir _____ casa e cuidar dos filhotes. Escolhem, ainda, um lugar próximo _____ servir _____ latrina, onde todos os membros do grupo urinam e depositam suas fezes. Ao terminar, sapateiam em cima dos excrementos _____ fazer exalar o cheiro peculiar da família. [...] Elas também demarcam a entrada da loca e a vegetação _____ um muco _____ cheiro forte, que soltam _____ uma glândula próxima ao ânus. Já pensou o aroma?

Ciência Hoje das Crianças, nº 157. Texto de Carolina Ribas e Guilherme Mourão.

4 Invente frases com as seguintes preposições:

perante: _____

_____

contra: _____

_____

entre: _____

_____

Preposição e artigo

O cão e a carne

Um cão vinha caminhando com um pedaço de carne na boca.

Quando passou ao lado do rio, viu sua própria imagem na água.

Pensando que havia na água um novo pedaço de carne, soltou o que carregava para apanhar o outro.

O pedaço de carne caiu na água e se foi, assim como a sua imagem.

E o cão, que queria os dois, ficou sem nenhum.

Fábula de Esopo

Observe as palavras destacadas na seguinte frase do texto:

Quando passou **ao** lado **do** rio, viu sua própria imagem **na** água.

Você pode notar que:

- **ao** é a ligação da preposição **a** com o artigo **o**:

AO = A + O
     ↓   ↓
  preposição artigo

- **do** é a ligação da preposição **de** com o artigo **o**:

DO = DE + O
      ↓   ↓
   preposição artigo

- **na** é a ligação da preposição **em** com o artigo **a**:

NA = EM + A
      ↓   ↓
   preposição artigo

Principais ligações de preposição com artigo

em + o = **no**	de + o = **do**	por + o = **pelo**
em + a = **na**	de + a = **da**	por + a = **pela**
em + os = **nos**	de + os = **dos**	por + os = **pelos**
em + as = **nas**	de + as = **das**	por + as = **pelas**
em + um = **num**	de + um = **dum**	a + o = **ao**
em + uma = **numa**	de + uma = **duma**	a + a = **à**
em + uns = **nuns**	de + uns = **duns**	a + os = **aos**
em + umas = **numas**	de + umas = **dumas**	a + as = **às**

ATIVIDADES

 1 Destaque as ligações de preposição com artigo.

a) Na hora da verificação, acabaria saindo-se mal.

b) A professora explicava num mapa as regiões do Brasil...

c) O trabalho foi realizado pelos alunos.

d) O bilhete trazia um convite para um bate-papo às duas horas.

PALAVRAS

2 Reescreva a frase fazendo a ligação da preposição com o artigo.

a) Caloca morava **em a** casa mais bonita **de a** nossa rua.

_____

b) **Em o** meu aniversário eu fui **a o** clube.

_____

c) A cidade ideal **de o** cachorro tem um poste por metro quadrado.

_____

d) Os exercícios foram corrigidos **por a** professora.

_____

e) **De os** moradores **de o** sítio de Dona Benta, o mais andejo era o Marquês de Rabicó.

_____

3 Desenvolva a ligação da preposição com o artigo.

No último andar é mais bonito.

no: em (preposição) + o (artigo)

a) **Do** último andar se vê o mar.

do: _____

b) Andava distraído **pela** avenida.

pela: _____

c) Eu cheguei atrasado **ao** colégio.

ao: _____

d) **Na** vida tudo é possível.

na: _____

230

Sublinhe com um traço as preposições e com dois traços as ligações de preposição com artigo que aparecem no texto abaixo:

Leite, pão e mel

O mel que derrete na boca,
Feito um pedaço de céu,
É a abelha que faz,
Silenciosa e trabalhadeira.

O leite o homem tira da vaca
E com ele faz manteiga e nata.
O pão é o milagre do trigo,
Que a terra dá de presente,
É só plantar a semente.

Parece tudo tão fácil que a gente
Fica pensando:
Como é que tem tanta criança
No mundo passando fome?

No mundo da lua, Roseana Murray.

Conjunção

A conjunção é uma classe gramatical que pode ligar:

a) palavras

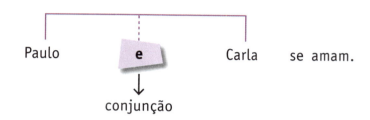

b) orações:

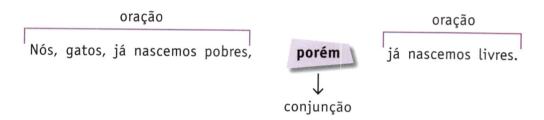

> **Conjunção** é uma classe gramatical que liga palavras ou orações.

Principais conjunções		
e	por isso	porque
mas	portanto	quando
porém	pois	ou

1 Complete com a conjunção adequada:

portanto – porque – quando – mas

a) Ele correu muito, _____ não conseguiu alcançar o ônibus.

b) Você jogou muito, _____ está cansado.

c) Paula já estava acordada _____ Carlinhos assobiou.

d) Não pisou na grama _____ tinha medo de aranhas.

2 Sublinhe as conjunções.

a) Sílvio devolveu a bola e eles continuaram jogando.

b) Ele é esperto, por isso está prevenido.

c) Seu apelido ficou sendo Pivete, porque era o menor de todos.

d) Venha cedo, pois preciso conversar com você.

e) Papai e mamãe já tinham almoçado quando chegamos.

f) Você fica em casa ou vai comigo?

g) Suas notas foram ótimas, portanto merece um prêmio.

h) Não havia trezentos passarinhos, mas uns oito ou dez havia.

3 Invente frases com as seguintes conjunções:

a) mas: _____

b) porque: _____

c) por isso: _____

233

PALAVRAS

 Observe os desenhos. Escreva uma frase sobre cada um deles, usando uma destas conjunções:

portanto – quando – mas

....
....

....
....

5) **Una as frases usando conjunções.**

a) É uma pessoa prevenida/todo mês reserva uma quantia para despesas extras.

b) Ficou sendo Pivete/era o menor de todos.

c) Venha cedo/preciso conversar com você antes de dormir.

Interjeição

Eta Galo!

Dia raiou
Galo cantou?
Galo cantou
Dia raiou?

UPA!

Quem acorda o dia?
Será o galo?
Ou será o dia que
acorda o galo?

Galo raiou!
Dia cantou!

EPA!

Raiadia
Cantagalo
Raiagalo
Cantadia

Quem acorda o galo?
Será o dia?
Ou será o galo
que acorda o dia?

UFA!

De três em três, de reis em reis,
Mônica Versiani Machado.

Você pode notar no texto que as palavras UPA! EPA! UFA! transmitem diferentes tipos de sentimentos: UPA!, alegria; EPA!, admiração; UFA!, um certo cansaço ou aborrecimento.

Elas pertencem à classe das interjeições.

Interjeição é uma classe de palavras que transmite sentimentos.

236

Veja no quadro a seguir alguns sentimentos que a interjeição pode transmitir.

Sentimento	Interjeições
admiração	Ah! Oh! Eh!
alegria	Ah! Oh! Eh!
animação	Eia! Coragem!
apelo	Olá! Psiu! Alô! Socorro!
aplauso	Bravo! Apoiado! Muito bem! Bem!
aversão	Ih! Chi!
desejo	Oxalá! Oh! Tomara!
dor	Ui! Ai!
silêncio	Psiu!

As interjeições aparecem, normalmente, seguidas de ponto de exclamação.

 Sublinhe as interjeições.

a) Ufa! Que dia cansativo!

b) Atenção! O jogo vai começar.

c) Alô! Fale mais alto.

d) Muito bem! Apoiado! Você está certo.

e) Psiu! A professora vem vindo.

f) Chi! Deu tudo errado.

PALAVRAS

 2 **Complete as frases com a interjeição adequada.**

a) _____ Que cara mais chato!

b) _____ Que dor de cabeça!

c) _____ Quase acertei o gol.

d) _____ Ninguém se mexa.

e) _____ Alguém me ajude!

f) _____ Cortei o dedo.

g) _____ Quem está falando?

h) _____ Como vai?

 3 **Sublinhe as interjeições do texto abaixo:**

Esse menino, também conhecido como traquina, travesso e bagunceiro, sempre ouvia os adultos dizerem as mesmas coisas:

— Ah! meu Deus! Você acaba comigo.

— Ui! Lá vem ele de novo.

— Tomara! Tomara que um dia você melhore.

— Psiu! Chega disso, já pra casa.

— Chi! O que é que vai ser de você?

— Ih! Ele não tem jeito mesmo.

— Atenção! Veja o que você está aprontando!

 4 **Continue o texto seguinte, criando falas com interjeições.**

Esse menino, também conhecido como santinho, anjinho, sempre ouvia dos adultos frases gostosas:

_____

_____

_____

_____

5 Nas histórias em quadrinhos, é muito comum a presença de interjeições. Copie as interjeições que estão presentes nos quadrinhos a seguir.

....

 6 Foram eliminadas as interjeições dos quadrinhos abaixo. Complete os espaços com as interjeições adequadas.

239

PALAVRAS

 7 Pesquise interjeições em histórias em quadrinhos.

 8 Invente uma pequena história em que ocorram as seguintes interjeições:

> ah! alô! psiu! nossa!
> silêncio! chi! socorro!

Revisão das classes gramaticais

As palavras, de acordo com o valor que possuem na frase, distribuem-se em classes. São dez as classes gramaticais.

1	substantivo	6	verbo
2	artigo	7	advérbio
3	adjetivo	8	preposição
4	pronome	9	conjunção
5	numeral	10	interjeição

Substantivo

Substantivo indica o **nome** de objetos, pessoas, animais e lugares.

mesa – menino – gato – rua

Classifica-se o substantivo como:

1) **simples** – é constituído de uma só palavra.
   chuva – pombo

2) **composto** – é constituído de mais de uma palavra.
   guarda-chuva – pombo-correio – girassol

3) **primitivo** – não vem de nenhuma outra palavra da língua.
   livro – pedra – ferro

4) **derivado** vem de outra palavra da língua.
   livreiro – pedreira – ferrugem

PALAVRAS

5) **comum** – indica um conjunto de elementos com características comuns.
   homem – cidade – país

6) **próprio** – indica apenas um elemento do conjunto.
   Ricardo – Salvador – Brasil

7) **concreto** – indica o nome de objetos, pessoas, animais ou lugares.
   mesa – menina – pássaro

8) **abstrato** – indica o nome de ações, qualidades ou estado.
   adoração – inteligência – coragem

9) **coletivo** – indica vários elementos, apesar de estar no singular.
   exército – coro – ramalhete

Artigo

Artigo refere-se ao substantivo, acrescentando-lhe uma ideia definida ou indefinida.

a árvore – **uma** árvore

Classifica-se o artigo como:
1) **definido:** o, a, os, as
2) **indefinido:** um, uma, uns, umas

Adjetivo

Adjetivo indica as **características** de objetos, pessoas, animais ou lugares.

rua .... estreita, esburacada, intransitável
↑ ↑
substantivo adjetivos

242

Numeral

> **Numeral** é uma classe de palavras que indica quantidade, ordem, multiplicação ou fração.

dois livros – **primeiro** lugar – o **dobro** de alunos – **meio** quilo

Classifica-se o numeral como:

1) **cardinal:** um, dois, três...
2) **ordinal:** primeiro, segundo, terceiro...
3) **multiplicativo:** dobro, triplo...
4) **fracionário:** meio, terço...

Pronome

> **Pronome** é uma classe de palavras que substitui o substantivo, indicando a pessoa que participa do ato de comunicação.

eu – ele – meu – este

Classifica-se o pronome como:

1) **pessoal reto:** eu, tu, ele, nós...
2) **pessoal oblíquo:** me, mim, te, ti...
3) **de tratamento:** Vossa Senhoria, Vossa Excelência...
4) **possessivo:** meu, teu, seu, nosso...
5) **demonstrativo:** este, esse, aquele...
6) **indefinido:** algum, nenhum, muitos...
7) **interrogativo:** quem, que, qual...

PALAVRAS

Verbo

> **Verbo** é uma classe de palavras que indica ação, estado ou fenômeno da natureza.

> quebrou – está – choveu

A terminação do verbo varia para indicar:

1) **pessoa:** 1ª, 2ª e 3ª pessoas
2) **número:** singular e plural
3) **tempo:** presente, passado (pretérito perfeito, pretérito imperfeito, pretérito mais-que-perfeito) e futuro (do presente e do pretérito)
4) **modo:** indicativo, subjuntivo e imperativo

São três as conjugações do verbo:

- 1ª conjugação – verbos terminados em **-ar**
- 2ª conjugação – verbos terminados em **-er**
- 3ª conjugação – verbos terminados em **-ir**

Advérbio

> **Advérbio** é uma classe de palavras que indica circunstâncias.

> **Ontem** ele chegou **cedo**.

Classifica-se o advérbio como:

1) de **tempo:** ontem, hoje, nunca...
2) de **lugar:** aqui, ali, lá, longe...
3) de **modo:** devagar, levemente...
4) de **negação:** não

5) de **afirmação:** sim, realmente...

6) de **intensidade:** muito, mais, pouco...

7) de **dúvida:** talvez, possivelmente...

Preposição

> **Preposição** é uma classe de palavras que estabelece uma ligação entre duas outras palavras.

Pertencem à classe das preposições as seguintes palavras:

a	ante	após	até	com	contra	de	desde	em
entre	para	perante	por	sem	sob	sobre	trás	

Conjunção

> **Conjunção** é uma classe gramatical que liga palavras ou orações.

As principais conjunções são:

e	mas	porém	por isso	portanto	pois
		porque	quando	ou	

Interjeição

> **Interjeição** é uma classe de palavras que comunica sentimentos.

Ah! Oh! Ui! Ai! Nossa! Virgem! Psiu!

PALAVRAS

Leia o texto.

TEMPO

A passagem de uma massa polar forte pelo centro-sul do Brasil muda o guarda-roupa esta semana. A Região Sul e grande parte do Sudeste e do Centro-Oeste terão as temperaturas mais baixas do ano nos próximos dias. O sul da Amazônia sente a primeira friagem do ano. Na capital paulista, a madrugada mais fria acontece até quinta-feira, mas a sensação de frio hoje talvez seja maior, com ar úmido e vento frio o dia todo.

O Estado de S.Paulo, 18-04-2006.

1 Releia a primeira frase do texto e responda:

a) Quantos adjetivos há nesta frase?

b) Quantos substantivos há nela?

2 Transcreva os substantivos compostos presentes no texto:

3 Imagine que esse boletim meteorológico se referisse à semana anterior. Como deveria ser escrito o texto? Faça as alterações que você julgar necessárias.

246

PALAVRAS

4 **Reescreva a frase seguinte no tempo presente:**

A Região Sul e grande parte do Sudeste e do Centro-Oeste terão as temperaturas mais baixas do ano nos próximos dias.

_____
_____
_____

5 **No texto há cinco verbos. Quais são eles?**

_____

6 **Dê o infinitivo desses verbos e a conjugação a que pertencem.**

_____
_____
_____
_____

7 **Observe o uso da letra maiúscula nas palavras destacadas:**

"A passagem de uma massa polar forte pelo centro-sul do Brasil (...) A Região Sul e grande parte do Sudeste e do Centro-Oeste terão as temperaturas (...). O sul da Amazônia sente a primeira friagem do ano".

Por que a palavra sul é escrita com letra maiúscula em "A Região Sul" e com letra minúscula em "O sul da Amazônia"?

_____
_____

8 **Informe a classe gramatical das palavras seguintes presentes na última frase do texto:**

paulista _____

madrugada _____

a _____

247

PALAVRAS

hoje

úmido

vento

maior

talvez

mas

de

na

acontece

9 **Há alguma diferença de sentido entre as expressões destacadas?**

a) ... com ar úmido e vento frio o dia todo.

b) ... com ar úmido e vento frio todo o dia.

c) ... com ar úmido e vento frio todo dia.

248

A frase

Lição 1	Frase
Lição 2	Classificação da frase
Lição 3	Sujeito e predicado
Lição 4	Classificação do sujeito
Lição 5	Concordância verbal
Lição 6	Classificação do predicado
Lição 7	Predicado nominal
Lição 8	Predicado verbal
Lição 9	Revisão da frase

Frase

Eu sou um mágico. Moro num castelo encantado. Os homens grandes não sabem de nada. Só as crianças é que conhecem o meu segredo...

Rosa Maria no Castelo Encantado, Érico Veríssimo.

Para escrever esse texto, o autor organizou as palavras em pequenos grupos:

Grupo 1   Eu sou um mágico.
Grupo 2   Moro num castelo encantado.
Grupo 3   Os homens grandes não sabem de nada.
Grupo 4   Só as crianças é que conhecem o meu segredo...

Cada um desses grupos transmite uma informação. O grupo de palavras que transmite uma informação recebe o nome de **frase**.

> **Frase** é qualquer grupo de palavras que transmite uma informação.

 Ao começar uma frase, você deve empregar sempre a letra maiúscula.

A FRASE

ATIVIDADES

 Observe estas palavras ou conjuntos de palavras:

> 1. Finalmente, ela dormiu.
> 2. Um lindo presente o ganhou menino!
> 3. Você está triste comigo?

a) Quais desses conjuntos de palavras formam frases?

b) Um desses conjuntos de palavras não forma frase. Qual? Por quê? Como deveria ser reescrito para formar uma frase?

c) Como identificamos o início de uma frase na língua escrita?

d) E o final da frase?

 Compare, agora, estes outros conjuntos de palavras:

> A) Do Brasil a Constituição aos menores de 14 anos proíbe o trabalho.
> B) A Constituição do Brasil 14 anos aos menores de o trabalho proíbe.
> C) A Constituição do Brasil proíbe o trabalho aos menores de 14 anos.

a) Qual é o único desses conjuntos de palavras que forma frase?

b) Por que os outros conjuntos de palavras não formam frase, mesmo começando com letra maiúscula e terminando com pontuação?

A FRASE

c) Qual é a conclusão que você pode tirar sobre a organização das palavras em uma frase? Troque ideias com os colegas de classe antes de responder.

3 **Invente uma frase para cada ilustração.**

4 Quem escreveu o texto abaixo esqueceu-se de usar a letra maiúscula para marcar o começo da frase e um sinal de pontuação para indicar o término da frase. Reescreva, fazendo as mudanças necessárias.

Que bicho é o sapo?

sapos, rãs e pererecas fazem parte do grupo dos anfíbios os sapos vivem na terra, podendo até ficar longe d'água, e são geralmente maiores que rãs e pererecas, que habitam áreas sempre próximas de lagos e riachos rãs, sapos e pererecas botam ovos na água e, dos ovos, nascem girinos, que crescem dentro da água até que um dia nascem duas pernas na parte posterior dos girinos, depois as da frente, aí a cauda desaparece: é assim a metamorfose dos anfíbios na lagoa, o sapo canta para atrair a fêmea para o acasalamento – quer dizer, não é canto, é cantada no Brasil, são conhecidas 737 espécies de anfíbios (rãs, sapos e pererecas) e, dessas espécies, 15 estão ameaçadas de extinção conservar rios e lagoas sem poluição é conservar anfíbios.

Classificação da frase

Ao falar ou ao escrever, você, como falante de uma língua, expressa diferentes intenções.

Imagine que você, em diferentes situações, escrevesse ou falasse as seguintes frases:

> 1. Você saiu cedo.
> 2. Você não saiu cedo.
> 3. Você saiu cedo?
> 4. Você saiu cedo!
> 5. Saia cedo.

Qual a diferença entre essas frases?

Na frase 1, você se comunicou com a intenção de fazer uma declaração afirmativa; na frase 2, uma declaração negativa. Esse tipo de frase recebe o nome de **frase declarativa**.

Na frase 3, você se comunicou com a intenção de fazer uma pergunta, uma interrogação. Esse tipo de frase recebe o nome de **frase interrogativa**.

Na frase 4, você se comunicou com a intenção de expressar um sentimento (espanto, dor, medo...), por meio de uma exclamação. Esse tipo de frase recebe o nome de **frase exclamativa**.

Na frase 5, você se comunicou com a intenção de dar uma ordem ou fazer um pedido. Esse tipo de frase recebe o nome de **frase imperativa**. A palavra "imperativo" significa "que manda, que ordena".

Tipo de frase	Intenção	Exemplo
Declarativa afirmativa	Afirmação	Você saiu cedo.
Declarativa negativa	Negação	Você não saiu cedo.
Interrogativa	Pergunta	Você saiu cedo?
Exclamativa	Exclamação	Você saiu cedo!
Imperativa	Ordem, pedido	Saia cedo!

254

A FRASE

ATiViDADES

1 Escreva, em seu caderno, o diálogo que o professor vai ler para vocês. Use o travessão antes de cada fala.

2 Quando uma pessoa fala, como sabemos se ela está fazendo uma declaração, afirmando ou negando alguma coisa, se está fazendo uma pergunta ou expressando um sentimento (decepção, surpresa...)?

3 Na escrita, como identificamos o tipo de frase?

4 Reúna-se com mais dois colegas de classe. Cada grupo deverá criar um pequeno diálogo em que sejam usados diferentes tipos de frases.

5 Organize as palavras, formando frases, e pontue-as.

a) mais cozinha fica o que é que quanto mais duro

b) não pode orelhas tem ouvir mas é que o que

c) da saída entrada a qual é

d) na cozinha na orquestra é que o que está no automóvel

6 Responda com base nas respostas do exercício anterior.

a) Você sabe como são chamadas as frases que você formou?

b) Que tipo de pontuação você usou nelas?

255

A FRASE

c) Você sabe as respostas da atividade 5? Tente descobrir. Depois, confira com os colegas de classe.

 Em uma folha à parte, copie, de um jornal, revista ou livro, um pequeno texto em que apareçam diferentes tipos de frases. Mas não use maiúsculas nem pontuação no final das frases.

Troque a sua folha com um colega de classe. Cada um deve copiar o texto que o outro selecionou, usando letra maiúscula no início de frase e sinal de pontuação no final.

Quando terminarem, reúnam-se e confiram o texto. Corrijam o que for necessário.

 Leia o texto e observe atentamente as frases destacadas:

O vaga-lume Tum-tum

Era um vaga-lume lindo, lindo! Sua luzinha que brilhava mais, quanto mais escuro estava, era ali, pouco acima dos olhos, dois faróis acesos e iluminados. O corpo cascudo e brilhante, meio parecido com o de uma barata, se fazia tão mais elegante e bonito, que até é pecado a gente comparar uma coisa com a outra. E como vivia feliz de ser vaga-lume!

– Puxa, que alegria é iluminar a noite! Nesta época de chuva, em que as estrelas somem, eu e meus irmãozinhos somos as estrelas do mundo. E não é bacana ser estrela? – perguntava a ele a dona Coruja, sua amiga.

O menino e a nuvem, André Carvalho.

A FRASE

Copie do texto:

a) uma frase declarativa afirmativa:

....
....

b) duas frases exclamativas:

....
....

c) uma frase interrogativa:

....

 Escreva nos balões frases exclamativas.

257

3 Sujeito e predicado

Natal

De repente o sol raiou
E o galo cocoricou:
– Cristo nasceu!
O boi, no campo perdido,
Soltou um longo mugido:
– Aonde? Aonde?
Com seu balido tremido,
Ligeiro diz o cordeiro:
– Em Belém! Em Belém!

A Arca de Noé, Vinicius de Moraes.

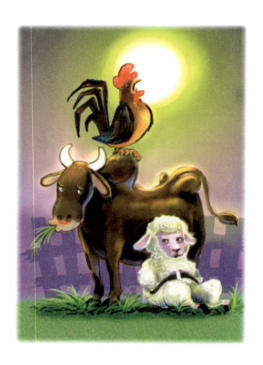

A maioria das frases que você constrói, falando ou escrevendo, estão organizadas em duas partes: **tema** e **informação**. Veja isso numa frase do texto.

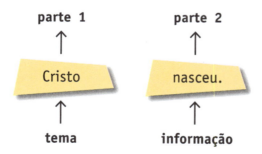

A parte 1 – **Cristo** – é o assunto sobre o qual nós iremos falar. É, portanto, o **tema**.

A parte 2 – **nasceu** – é a **informação** que estamos dando ao tema.

258

No estudo da língua, o tema recebe o nome de **sujeito** e a informação recebe o nome de **predicado**.

Sujeito é o tema.

Predicado é a informação.

ATIVIDADES

 Você conhece a brincadeira do gato e rato? O texto explica como se brinca, só que nele está faltando completar algumas frases. Complete-as usando estas palavras.

> o gato e o rato – a roda – o gato
> os amigos – o gato – o rato – o gato
> a roda – o senhor rato

Gato e rato

_____ fazem uma roda, dando as mãos. Alguém tem de ser o rato e ficar dentro da roda. Outra pessoa é o gato e fica do lado de fora. _____ pergunta e _____ responde:

— _____ está em casa?

— Não!

— A que horas chega?

— Às oito horas.

_____, então, começa a girar, contando as horas combinadas. Quando termina, solta os braços, mas mantém a posição.

259

A FRASE

_____ entra na roda para pegar o rato.

_____ podem entrar e sair da roda, correndo.

_____ tenta agarrar o rato, que foge do gato o quanto pode.

Quando _____ é preso, recomeça o jogo.

Quem foi rato é o gato na vez seguinte. Outra pessoa da roda é o rato.

Folhinha, in: _Folha de S.Paulo_, 16/04/00.

a) As palavras que vocês usaram para completar as frases são o tema ou a informação?

_____

b) Sublinhe com lápis de cor no texto duas informações.

2 **Vamos fazer uma brincadeira? Reúna-se com mais dois colegas. Tirem par ou ímpar para decidir quem começa.**

A brincadeira é assim:

A pessoa que começa deve falar um tema. Por exemplo: o livro, a escola, a televisão... As duas outras pessoas do grupo devem escrever, sem os outros verem, o maior número de frases que conseguir, em um minuto, sobre o tema. Por exemplo: O livro é uma grande fonte de informação.

Depois, os outros dois tiram par ou ímpar para escolher o próximo a dizer o tema, e os outros dois escrevem o maior número de frases que conseguir sobre ele em um minuto.

Continuem, até que todos tenham proposto um tema.

No final, leiam as frases que escreveram para os colegas e verifiquem quem conseguiu escrever mais frases completas, ou seja, com tema e informação. Mas, atenção: as frases têm que ser coerentes, senão não vale.

3 **Complete as frases com um tema adequado às informações:**

a) _____ precisa de muito carinho.

b) _____ é muito importante para a vida das pessoas.

c) _____ prejudica a saúde.

d) _____ deixa as pessoas felizes.

A FRASE

 Observe duas posições em que pode ser colocado o sujeito:

1ª – antes do predicado:

> **Todos os meus cadernos** desapareceram durante o recreio.

2ª – depois do predicado:

> Desapareceram durante o recreio **todos os meus cadernos**.

Copie as frases seguintes, colocando o sujeito depois do predicado.

a) Um desastre horrível aconteceu nesta madrugada.
_____

b) Momentos alegres e tristes existem na vida.
_____

c) O prazo de matrícula foi prorrogado.
_____

 O texto a seguir é uma notícia jornalística. Sublinhe o sujeito das frases destacadas com colchetes.

Encontro entre idosos e crianças em Curitiba

[Alunos do Você Apita da EM Dom Bosco, de Curitiba - PR, escolheram uma forma diferente para encerrar a ação educativa em 2004]. [Eles organizaram um encontro com idosos da comunidade.] "Trabalhamos este semestre com a temática da terceira idade estimulados pelo projeto. [Com isso, as crianças resolveram convidar vários idosos e promover uma confraternização educativa com eles"], [conta a professora Eliane Rufino].

http://voceapita.locaweb.com.br/noticias/visualizanoticia.asp?idn=188

Classificação do sujeito

Núcleo do sujeito

O **núcleo do sujeito** é a palavra que contém a informação principal do sujeito.

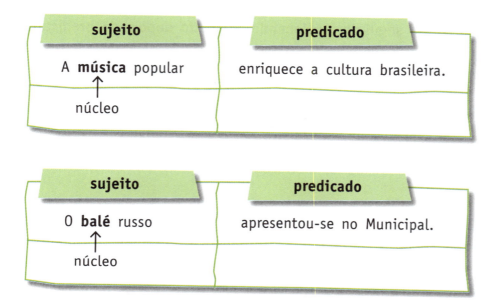

O núcleo do sujeito é representado geralmente por duas classes de palavras: **substantivo** ou **pronome**.

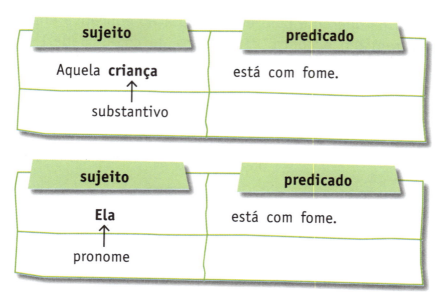

A FRASE

O sujeito classifica-se como **simples**, **composto** e **oculto**.

> **Sujeito simples** é aquele constituído de um só núcleo.

sujeito	predicado
A **estrada** de ferro	passava perto do rio.
Aquele **filme**	deixou-o amedrontado.
Todos	participaram da exposição.

> **Sujeito composto** é aquele constituído de mais de um núcleo.

sujeito	predicado
O **rádio** e a **televisão**	são meios de comunicação.
Silvana, **Carlos** e **eu**	organizamos um jornal.
O **jacaré** e a **tartaruga**	são animais em extinção da nossa fauna.

> **Sujeito oculto** é aquele que não aparece na frase, mas pode ser identificado pela terminação do verbo.

sujeito	predicado
(eu)	Fiquei sozinho na sala.
(nós)	Ouvimos um ruído estranho.
(ele)	Ficou chocado com a notícia.

A FRASE

ATIVIDADES

 Sublinhe o sujeito e circule o seu núcleo.

a) A equipe brasileira de futebol foi vaiada.

b) A dor e a emoção confundiam-se naquele instante.

c) A democracia é a melhor forma de governo.

d) Eu tenho o dever de participar.

e) Muitos funcionários estão descontentes.

2 **Classifique o sujeito como simples ou composto.**

a) A água do mar estava geladinha. (_____)

b) Ela ficou sozinha na praia. (_____)

c) Empregados e patrões não chegaram a um acordo. (_____)

d) Jorge e eu já lemos o livro. (_____)

e) A maioria dos alunos permaneceu sentada. (_____)

f) O telefone e a televisão encurtaram as distâncias. (_____)

 Observe:

> A) **Eu** saí cedo de casa.
> B) Saí cedo de casa.

Você pode constatar que, sendo o sujeito representado por um pronome, ele pode não aparecer na frase. Nesse caso, dizemos que o sujeito está oculto.

Elimine o sujeito das frases seguintes.

a) Eu não conheço esta raça.

_____

b) Nós devíamos ter sido mais cuidadosos.

_____

264

A FRASE

c) Eu acho que havia uns trezentos.

_____

d) Eles chegaram ao colégio cansados.

_____

e) Você e eu faremos a pesquisa neste final de semana.

_____

4 **Marque com X as frases em que o sujeito está oculto.**

a) (   ) Arrumei as roupas no armário.

b) (   ) A praia está deserta.

c) (   ) Precisamos encontrar uma solução.

d) (   ) Chegou com os olhos arregalados.

e) (   ) Foram aceitas as novas exigências dos funcionários.

5 **Você vai ler frases ditas por pessoas famosas. Identifique e classifique os sujeitos das partes sublinhadas.**

a) "Estamos sempre inclinados a acreditar naquilo que desejamos." (Demóstenes, orador grego)

Sujeito: _____

Classificação: _____

b) "O amor é a única paixão que não admite nem passado nem futuro". (Honoré de Balzac, escritor francês)

Sujeito: _____

Classificação: _____

c) "Gosto de viver pobre... porém com muito dinheiro." (Pablo Picasso, pintor espanhol)

Sujeito: _____

Classificação: _____

d) "A natureza e os livros pertencem aos olhos que os veem." (Ralph Waldo Emerson)

Sujeito: _____

Classificação: _____

Concordância verbal

Observe a relação sujeito-verbo nas frases abaixo:

Sujeito	Verbo	
Pitu	cheg**ou**	à praça.
Eu	chegu**ei**	à praça.
Nós	chega**mos**	à praça.
Pitu e Marina	chegar**am**	à praça.
Tu	chega**ste**	à praça.

O verbo mudou a terminação para se adaptar ao número e à pessoa do sujeito. A essa adaptação da terminação do verbo damos o nome de concordância do verbo ou **concordância verbal**.

Regra básica da concordância verbal

O verbo concorda com o sujeito em número e pessoa.

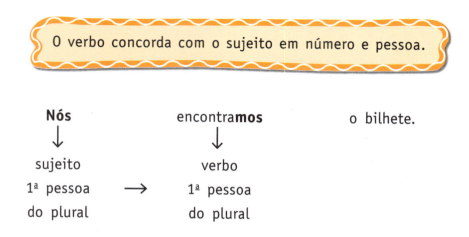

A FRASE

ATIVIDADES

1 **Flexione os verbos no tempo presente, de acordo com o sujeito.**

a) Afinal eu **tomar** coragem e **resolver** bater um papo com meu pai.

b) O céu **amanhecer** azul e eu também **acordar** como se estivesse pintado de azul por dentro e por fora.

c) Pedro e Paulo **correr** e **desligar** o aparelho.

d) Todos nós **querer** sair já. Somente tu **pretender** ficar.

2 **Flexione os verbos no pretérito perfeito, de acordo com o sujeito.**

a) Ontem (eu) **sair** do colégio com Marisa e (nós) **resolver** tomar um sorvete.

b) Tu **falar** muito durante a reunião.

c) Você e eu **analisar** ontem este assunto.

d) Todos **aceitar** a nossa sugestão.

e) Os alunos **protestar** contra o aumento.

f) Eu e ele **fazer** ontem uma aposta.

g) Finalmente, Marina **arrumar** seu quarto.

A FRASE

 3 **Reescreva as frases, flexionando os verbos corretamente.**

> Ontem vocês **ler** uma fábula; amanhã **ler** um conto de fadas.
> *Ontem vocês **leram** uma fábula; amanhã **lerão** um conto de fadas.*

a) Na semana passada, todos **participar** do torneio; amanhã somente as meninas **participar**.

b) Na última semana, todos **sair** cedo; nos próximos dias somente alguns **sair**.

c) No trabalho anterior, as turmas A e B **pesquisar** sobre o meio ambiente; no próximo trabalho, as turmas B e C **pesquisar** sobre a mão de obra infantil.

d) No mês passado, os meninos **selecionar** as notícias para o jornal mural; no próximo mês as meninas **selecionar** as poesias.

e) Ontem os meninos **selecionar** os textos; amanhã as meninas **selecionar** as músicas.

A FRASE

 4 Flexione o verbo no tempo e na pessoa que você julgar conveniente, segundo o texto.

O Burrinho brincalhão

Um Macaco _____ (subir) no telhado de uma casa e, com as suas traquinagens, _____ (divertir) todas as pessoas da cidade.

Um Burrinho, ao ver isso, _____ (morrer) de inveja. No outro dia, tentando imitar o Macaco, também _____ (subir) no teto e _____ (começar) a fazer suas estripulias. Mas, por causa de seu peso, _____ (derrubar) todo o telhado.

O dono, irado, _____ (ir) ao encalço do Burrinho, _____-o (expulsar) de cima da casa e _____-o (surrar) com um vara de madeira.

O Burrinho, lambendo as feridas, _____ (perguntar):

– Por que você me _____ (bater)? Eu _____ (ver) o Macaco fazer a mesma coisa ontem e você apenas _____ (rir).

O dono _____ (responder):

– Com o Macaco, a coisa é diferente.

O que _____ (ser) direito para um pode ser errado para o outro.

Fábula de Esopo

 5 Leia e complete o texto com os verbos que faltam, fazendo-os concordar com o sujeito das frases e flexionando-os nos tempos adequados. Escolha-os no quadro.

> ir – dar – amar – gostar
> respeitar – poder – ser
> vergar – reunir – passear

A FRASE

Os ventos

Os outros ventos do mundo que me não queiram mal (e olhe que tantos deles foram tão bons comigo), mas os ventos que mais _____ são os que _____, e cantam, e dançam na verde imensidão da minha floresta. Não vou dizer que todos _____ meigos e que só _____ de fazer afagos. Nem que todos chegam cantando faceiros, e te abraçam com delicadezas de pétalas. Mas _____ mesmo dos atrevidos, dos que sopram em rajadas rijas agitando as imensas asas invisíveis sobre a tua cabeça quando _____ de canoa no meio do rio. Não digo que me sejam dos preferidos, mas _____ o caráter forte dos que chegam trazendo o temporal. Dos que _____ as árvores das margens e levantam a chuva pelos ares antes que ela chegue ao chão.

Eu _____ ficar um tempão contando para você das virtudes e poderes dos ventos meus amigos. Mas, como tenho outras novidades, todas me pedindo um lugarzinho na canoa deste livro, só vou dizer que o mais famoso dos ventos da floresta amazônica é o Vento Geral. _____ o nome dele a um livro que _____ vários trabalhos meus. Exatamente porque o chamado Geral não é um vento só, que chega forte já demais. Forte, às vezes até violento. Mas não é ventania, nem vendaval, nem vento de tempestade, que desce água das nuvens. [...]

Amazonas – Água, pássaros, seres e milagres, Thiago de Mello.

 Reúna-se com o seu grupo. Juntos, façam uma pesquisa sobre o trabalho infantil. Vocês podem procurar informações em jornais, revistas e livros.

Reúnam as informações e escrevam, usando as próprias palavras, um pequeno texto sobre o trabalho infantil no país. Usem lápis colorido para escrever os sujeitos das frases. Com lápis de outra cor, escrevam os verbos.

Todos os grupos da classe poderão reunir os trabalhos no mural e trocar ideias sobre o problema do trabalho infantil no Brasil e como pode ser solucionado.

270

Classificação do predicado

O predicado pode informar:

1º) **Uma ação do sujeito** (o que o sujeito faz?)

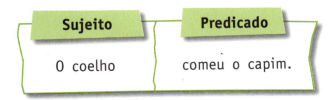

Nesse predicado, a palavra mais importante é o **verbo**. Por isso é chamado de **predicado verbal**.

> **Predicado verbal** é aquele que informa uma ação do sujeito.

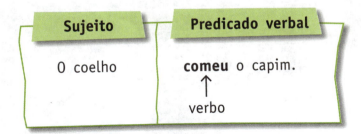

2º) **Um estado do sujeito** (como o sujeito está?)

Nesse predicado, a palavra mais importante é o **nome**. Por isso é chamado de **predicado nominal**.

A FRASE

> **Predicado nominal** é aquele que informa um estado do sujeito.

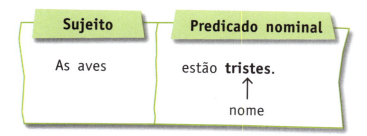

Sujeito	Predicado nominal
As aves	estão **tristes**.
	↑ nome

ATIVIDADES

 1 Observe as figuras e escreva duas frases sobre cada uma delas, uma que informe ação, outra que informe estado do sujeito.

272

A FRASE

....
....
....
....
....

....
....
....
....

A FRASE

2 Invente, com cada uma das palavras abaixo, uma frase que informe a ação do sujeito:

a) encontrar

b) beijar

c) correr

d) chorar

3 Invente, com cada uma das palavras abaixo, uma frase que informe o estado do sujeito:

a) sozinho

b) feliz

c) decepcionado

d) admirada

274

A FRASE

4 **Transforme predicado verbal em predicado nominal, seguindo o modelo:**

O céu **escureceu**.   *O céu **ficou escuro**.*

a) João emudeceu.

b) Todos alegraram-se.

c) Suas mãos endureceram.

d) A fruta apodreceu.

5 **Transforme predicado nominal em predicado verbal, seguindo o modelo:**

Ele **ficou rico**.   *Ele **enriqueceu**.*

a) A banana ficou madura.

b) A mulher ficou louca.

c) Os alimentos tornaram-se caros.

d) Com a crise, ele ficou pobre.

6 **Sublinhe o predicado. A seguir, marque o que ele informa:**

(1) ação do sujeito

(2) estado do sujeito

a) (   ) Os passarinhos voam para longe.

b) (   ) As crianças estão sozinhas.

c) (   ) A estátua parece um deus misterioso.

d) (   ) A menina fica séria e preocupada.

e) (   ) As crianças conversam com os objetos.

f) (   ) A estátua é uma criança nua.

g) (   ) A garota observa a estátua de perto.

275

A FRASE

 Leia:

Menina apaixonada oferece
um coração cheio de vento
onde quem quiser pode soprar
três sementes de sonho.
O coração da menina
ilumina as noites escuras
como se fosse um farol.
É um coração como todos os outros:
às vezes diz sim
às vezes diz não
às vezes diz sim
às vezes diz não
e tem sempre uma enorme
fome de sol.

Classificados poéticos, Roseana Murray.

Sublinhe e classifique o predicado, marcando:

(1) para o predicado verbal

(2) para o predicado nominal

a) (   ) Menina apaixonada oferece um coração cheio de vento.

b) (   ) A menina está apaixonada.

c) (   ) O coração da menina ilumina as noites escuras.

d) (   ) O coração da menina tem uma enorme fome de sol.

e) (   ) O coração da menina parece um farol.

f) (   ) Ele é igual a todos.

g) (   ) Seu coração está cheio de amor.

276

Predicado nominal

Predicado nominal informa qualidade ou estado do sujeito.

O predicado nominal é formado de verbo de ligação e predicativo do sujeito.

Verbo de ligação é o verbo que serve para ligar o sujeito a seu estado ou qualidade.

Principais verbos de ligação: **ser**, **estar**, **parecer**, **permanecer**, **ficar**, **continuar**, **tornar-se**.

Predicativo do sujeito é a palavra que se refere ao sujeito, indicando **qualidade** ou **estado**.

Sujeito	Verbo de ligação	Predicativo do sujeito
Os trabalhadores	são	unidos.
	estão	
	parecem	
	permanecem	
	ficaram	
	continuam	
	tornaram-se	

	Predicado nominal	
Sujeito	Verbo de ligação	Predicativo do sujeito
Os trabalhadores	estão	unidos.
Muitas famílias	ficaram	desabrigadas.

A FRASE

 1 Leia o texto.

Canídeos

Os canídeos são mamíferos fortes e velozes e em geral são peludos e têm focinhos compridos. Eles têm dentes e mandíbulas muito fortes. Os canídeos são caçadores e se alimentam também de carniça. Seus olhos não são muito bons, mas eles se valem da boa audição e faro. Os cães foram os primeiros animais a serem domesticados pelo homem e há milhares de anos eles convivem com as pessoas. [...]

Os animais e a natureza, in: *Minha primeira enciclopédia*.

a) Sublinhe no texto quatro predicados nominais. Passe lápis colorido nos predicativos.

b) Expresse estas informações do texto de outra maneira, usando predicados nominais.

Os canídeos têm focinhos compridos.

_____

Os canídeos se valem da boa audição e faro.

_____

 2 Construa dez frases que informem um estado do sujeito, relacionando as palavras do quadro abaixo:

Sujeito	Verbo de ligação	Predicativo do sujeito
A sala	estar	tenso
A cidade	ficar	rasgado
O garoto	parecer	preocupado
O livro	tornar-se	cheio
O professor		lotado
A noite		agitado
A mulher		calmo
		triste
		decepcionado

278

A FRASE

Frases

1. *A cidade parece agitada.*

2.

3.

4.

5.

6.

7.

8.

9.

10.

3 **Nas frases seguintes o predicado é nominal. Relacione-as de acordo com o significado comum que possuem:**

(1) A velha é tranquila.

(2) A velha está tranquila.

(3) A velha continua tranquila.

(4) A velha ficou tranquila.

a) (   ) A velha anda tranquila.

b) (   ) A velha está sempre tranquila.

c) (   ) A velha permanece tranquila.

d) (   ) A velha tornou-se tranquila.

A FRASE

4 Analise as frases conforme a estrutura.

Sujeito	Verbo de ligação	Predicativo do sujeito
colunas sob **Predicado nominal**

a) Raquel está nervosa.

b) Marcos é valente.

c) A cidade parecia adormecida.

d) Meu pai ficou chateado.

e) A plateia permanecia calada.

f) Seus olhos parecem cansados.

g) Você está esperançoso.

280

Predicado verbal

O predicado verbal informa uma **ação** do sujeito. Esta ação pode ser transitiva ou intransitiva.

Verbo transitivo

Veja os elementos que compõem a frase seguinte:

Constatamos que:

- a ação começa no agente e termina no objeto. A ação **passa**, então, do agente para o objeto, isto é, **transita** de um para outro;
- o verbo cuja ação **transita** do agente para o objeto chama-se **transitivo**.

Verbo intransitivo

Veja os elementos que compõem a frase seguinte:

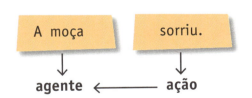

Constatamos que:

- a ação acontece no próprio agente. A ação **não passa**, então, do agente para algum objeto, isto é, **não transita** de um para outro;
- o verbo cuja ação **não transita** do agente para o objeto chama-se **intransitivo** (isto é, não transitivo).

A FRASE

ATIVIDADES

1 Nas frases seguintes, o verbo é transitivo. Complete-as com um objeto adequado.

a) Carlos marcou _____

b) Marta recebeu _____

c) Eles aceitaram _____

d) Todos viram _____

e) Eu criei _____

f) A torcida aplaudiu _____

g) Os pais orientam _____

2 Para cada ilustração, invente uma frase que tenha um verbo transitivo.

_____

_____

_____

_____

A FRASE

 3 Copie o texto, substituindo a ⬡ por ações transitivas ou intransitivas.

A origem do rio Solimões

Há muitos anos, a Lua era noiva do Sol, que com ela queria se casar, mas, se isso acontecesse, e se chegassem a se casar, destruir-se-ia o mundo. O amor ardente do Sol ⬡ o mundo, e a Lua, com suas lágrimas, ⬡ toda a Terra; por isso, não puderam se casar. A Lua ⬡ o fogo; o fogo ⬡ a água. Separaram-se então, a Lua para um lado e o Sol para outro. A Lua ⬡ todo o dia e toda a noite; foi então que as lágrimas ⬡ por cima da terra até o mar. O mar ⬡, e por isso não pôde a Lua ⬡ as lágrimas com as águas do mar, que meio ano ⬡ para cima, meio ano para baixo. Foram as lágrimas da Lua que ⬡ origem ao nosso rio Amazonas.

Ações transitivas
- misturar
- apagaria
- deram
- inundaria
- queimaria
- evaporaria

Ações intransitivas
- corre
- chorou
- embraveceu
- correram

 4 Em cada uma das frases abaixo, a personagem realiza duas ações. Copie as frases e grife com um traço as ações transitivas e com dois traços as intransitivas.

a) Cintia encontrou sua irmã na saída da escola e sorriu.

b) O macaco pegou a banana e sumiu na mata.

A FRASE

c) O professor chegou e resolveu o exercício.

d) O atleta correu muito e conquistou o primeiro lugar.

5 **Construa frases em que a personagem realiza duas ações: uma intransitiva e outra transitiva.**

Personagem	Ações	
	Intransitiva	Transitiva
O cachorro	rosnar	atacar
O carro	derrapar	derrubar
O menino	sorrir	pedir
O jogador	escorregar	marcar
O Sol	surgir	iluminar

Revisão da frase

Frase é qualquer conjunto organizado de palavras que transmite uma informação.

a) Silêncio!

b) A liberdade é um direito de cada pessoa.

Classifica-se a frase como:

1) **declarativa afirmativa:** Você saiu cedo.
2) **declarativa negativa:** Você não saiu cedo.
3) **interrogativa:** Você saiu cedo?
4) **exclamativa:** Você saiu cedo!
5) **imperativa:** Saia cedo.

Sujeito e predicado

A frase é constituída normalmente por dois elementos fundamentais: sujeito e predicado.

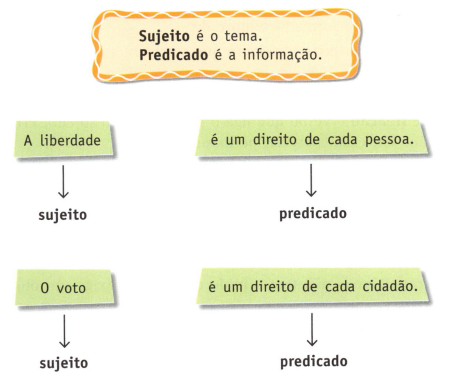

Sujeito é o tema.
Predicado é a informação.

285

Classificação do sujeito

O sujeito classifica-se como:

1) **simples** – um só núcleo.

   Os **alunos** participarão do Conselho.

2) **composto** – mais de um núcleo.

   Os **alunos** e os **professores** participarão do Conselho.

3) **oculto** – não aparece, mas pode ser identificado.

   Exigi uma solução imediata.

Classificação do predicado

Classifica-se o predicado como:

1) **verbal** – informa ação do sujeito.

   Os homens **se destroem de maneira espantosa.**

2) **nominal** – informa qualidade ou estado do sujeito.

   O homem **é o animal mais feroz.**

Predicado nominal

O **predicado nominal** é formado sempre de:

1) **predicativo do sujeito** – palavra que se refere ao sujeito, indicando qualidade ou estado.

   Muitas famílias ficaram **desabrigadas.**

2) **verbo de ligação** – verbo que liga o predicativo ao sujeito. Principais verbos de ligação: ser, estar, parecer, permanecer, ficar...

   Muitas famílias **ficaram** desabrigadas.

Predicado verbal

O **predicado verbal** é constituído de verbo transitivo ou intransitivo:

1) **verbo transitivo** – não tem sentido completo e exige um objeto.

   Eles **pediam** comida.

2) **verbo intransitivo** – tem sentido completo e não exige objeto.

   Eles **sofrem.**

A FRASE

ATIVIDADES

Leia o texto.

A causa da chuva

Não chovia há muitos e muitos meses, de modo que os animais ficaram inquietos. Uns diziam que ia chover logo, outros diziam que ainda ia demorar. Mas não chegavam a uma conclusão.

– Chove só quando a água cai do telhado do meu galinheiro – esclareceu a galinha.

– Ora, que bobagem! – disse o sapo de dentro da lagoa. – Chove quando a água da lagoa começa a borbulhar suas gotinhas.

– Como assim? – disse a lebre. – Está visto que só chove quando as folhas das árvores começam a deixar cair as gotas d'água que têm dentro.

Nesse momento começou a chover.

– Viram? – gritou a galinha. – O telhado do meu galinheiro está pingando. Isso é chuva!

– Ora, não vê que a chuva é a água da lagoa borbulhando? – disse o sapo.

– Mas, como assim? – tornou a lebre. Parecem cegos! Não veem que a água cai das folhas das árvores?

Moral: Todas as opiniões estão erradas.

Fábulas fabulosas, Millôr Fernandes.

 1 **Para escrever este texto, o autor construiu frases que expressam intenções diferentes da personagem que está falando.**
Classifique as frases seguintes, de acordo com a intenção, marcando:

(1) para as frases declarativas afirmativas

(2) para as frases declarativas negativas

(3) para as frases interrogativas

(4) para as frases exclamativas

A FRASE

a) (   ) Mas não chegavam a uma conclusão.

b) (   ) Parecem cegos!

c) (   ) Ora, que bobagem!

d) (   ) Chove só quando a água cai do telhado do meu galinheiro.

e) (   ) Não chovia há muitos e muitos meses...

f) (   ) Como assim?

g) (   ) Chove quando a água da lagoa começa a borbulhar suas gotinhas.

h) (   ) Ora, não vê que a chuva é a água da lagoa borbulhando?

i) (   ) Todas as opiniões estão erradas.

2 **Sujeito e predicado são as duas partes mais importantes de uma frase. Separe, nas frases abaixo, o sujeito do predicado.**

a) Todas as opiniões estão erradas.

_____

b) O telhado do meu galinheiro está pingando.

_____

c) Os animais ficaram inquietos.

_____

d) A água da lagoa começa a borbulhar suas gotinhas.

_____

3 **Marque as frases em que o sujeito está oculto.**

a) (   ) Mas não chegavam a uma conclusão.

b) (   ) Isso é chuva!

c) (   ) A água cai do telhado do meu galinheiro.

d) (   ) Parecem cegos!

A FRASE

 4 Sublinhe o predicado e classifique-o em verbal ou nominal.

a) Os animais ficaram inquietos.

b) A água cai do telhado do meu galinheiro.

c) Todas as opiniões estão erradas.

d) A água da lagoa borbulha suas gotinhas.

 5 Classifique os verbos destacados do poema como transitivos ou intransitivos.

Poema ecológico

O coelho **comeu**
o capim.

O coelho
a raposa **comeu**.

A onça **comeu**
a raposa.

De velha
a onça **morreu**.

No lugar onde foi enterrada
capim **nasceu**!

Régis Bonvicino,
in: *Folha de S.Paulo*, 2/12/84.

Sinais gráficos

Lição	1	Acento agudo e circunflexo
Lição	2	Acentuação gráfica (1)
Lição	3	Acentuação gráfica (2)
Lição	4	Acentuação gráfica (3)
Lição	5	Crase
Lição	6	Til
Lição	7	Cedilha/trema/hífen
Lição	8	Letra maiúscula
Lição	9	Ponto final, de interrogação, de exclamação
Lição	10	Vírgula
Lição	11	Travessão e dois-pontos
Lição	12	Aspas
Lição	13	Reticências

Acento agudo e circunflexo

Observe as palavras:

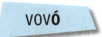

vov**ó**   vov**ô**

Colocamos na vogal da sílaba tônica um **sinal**. Esse sinal recebe o nome de **acento**.
O **acento** é usado para:

1. indicar a **sílaba tônica** (forte) da palavra:

2. indicar a pronúncia da vogal:
   - **aberta**: vov**ó**;
   - **fechada**: vov**ô**.

Acento agudo (´): indica a vogal aberta.
   vov**ó** – caf**é** – m**é**dico

Acento circunflexo (^): indica a vogal fechada.
   vov**ô** – beb**ê** – c**ô**modo

SINAIS GRÁFICOS

ATIVIDADES

 1 Coloque acento agudo ou circunflexo na vogal da sílaba tônica:

por**tu**gues	bi**no**culo	**me**dico	in**fan**cia	**lam**pada
pagina	**te**nis	ma**ti**ne	in**gles**	**bo**ne
pessego	a**ma**vel	es**plen**dido	domi**no**	chi**nes**
a**tras**	a**te**	sa**pe**	i**pe**	ca**fe**

 2 Copie a frase, acentuando a palavra em destaque:

a) **Voce** viu o **bebe** chorando?

b) Esta **pagina esta** rasgada.

c) **Nos** estudamos **portugues** e **ingles**.

 3 Construa uma frase com cada grupo de palavras:

a) bebe – bebê

b) da – dá

c) Pelé – pele

d) avô – avó

e) camelo – camelô

SINAIS GRÁFICOS

 4 Em algumas palavras do texto seguinte falta o acento. Coloque-o corretamente.

O medico

Para o medico, o corpo
não tem segredos:
e como uma fabrica,
uma orquestra,
uma casa com os moveis
todos no lugar.
O sangue corre nas veias
como um disciplinado rio.
O pulso bate com precisão,
afiado relogio marcando a vida.

Artes e ofícios, Roseana Murray.

 5 Recorte de uma revista ou jornal um trecho em que apareçam pelo menos cinco palavras com acento agudo e três palavras com acento circunflexo. Copie em seu caderno essas palavras.

 6 Qual é a coluna em que todas as palavras devem ser acentuadas?

a) medico	b) tenis	c) ingles
pessego	chines	matine
papel	passaro	lampada
amavel	ipe	bone
fregues	hifen	sape
jilo	esplendido	lapis
domino	item	domino

293

Acentuação gráfica (1)

Fotossíntese, dúvida de um sabiá

Se o sabiá pudesse falar, ele um dia soltaria uma pergunta daquelas cabeludas. Por exemplo: "Como é que a árvore, que nunca sai do lugar, consegue crescer, dar flores e frutos? Do que será que ela se alimenta?" E aí, ficou curioso? Na *CHC* 153, a árvore toma a palavra para responder à dúvida do curioso sabiá.

Ciência hoje das crianças, nº 153.

Copie do texto todas as palavras proparoxítonas.

O que você notou em comum em todas essas palavras?

A que conclusão você pode chegar com relação ao acento nas palavras proparoxítonas?

Regra 1

As palavras proparoxítonas são sempre acentuadas.

número	mate**má**tica
música	es**plên**dido
re**pú**blica	estu**dá**vamos

294

SINAIS GRÁFICOS

ATIVIDADES

1 O menino resolveu ir até o parque. Para chegar lá, tinha de passar somente pelas palavras proparoxítonas. Acentue as palavras quando necessário e trace o caminho que ele percorreu, ligando as proparoxítonas.

SINAIS GRÁFICOS

 Quem digitou o texto seguinte esqueceu-se de acentuar as palavras proparoxítonas. Faça isso por ele.

Sapo dá sorte?

Nos antigos contos de fadas, sempre que uma bruxa cismava de fazer uma sopa enfeitiçada, os pobres sapos precisavam ser usados como ingredientes. Os sapos eram cozidos para produzir uma espessa fumaça magica por meio da qual a bruxa via o futuro. Mas, no Antigo Egito, era diferente. Os sapos eram embalsamados e colocados nas tumbas dos faraós para protegê-los em sua passagem para a vida eterna. Na Antiga Roma, quem encontrasse um sapo parado no meio da estrada ficava muito feliz porque o considerava como simbolo de boa sorte.

Heloísa Prieto, in: *Folha de S.Paulo*, 26/11/05.

Acentuação gráfica (2)

> Nessa mata ninguém mata
> a pata que vive ali,
> com duas patas de pata,
> pata acolá, pata aqui.
>
> *A dança dos pica-paus,* Sidónio Muralha.

Copie do texto todas as palavras oxítonas.

_____

Você notou que duas dessas palavras são acentuadas. Veja a seguir as palavras oxítonas que recebem acento.

Regra 2

Acentuam-se as palavras oxítonas terminadas em:

a) **-a / -as**
   fub**á**   jac**á**   ali**ás**
   est**á**   atr**ás**   lil**ás**

b) **-e / -es**
   caf**é**   paj**é**   atrav**és**
   beb**ê**   franc**ês**   fregu**ês**

c) **-o / -os**
   cip**ó**   domin**ó**   rep**ôs**
   xang**ô**   ap**ós**   camel**ôs**

d) **-em / -ens**
   algu**ém**   al**ém**   armaz**ém**
   parab**éns** vint**éns**   armaz**éns**

297

SINAIS GRÁFICOS

ATIVIDADES

 1. Pinte, no caça-palavras, somente as palavras oxítonas e acentue-as. Quando estiverem na mesma linha, use cores diferentes.

D	O	C	E	P	S	J	E	B	E	L	E	Z	A
C	I	P	O	A	T	R	A	S	F	O	L	H	A
T	A	L	V	E	Z	B	O	R	R	A	C	H	A
A	T	R	A	V	E	S	M	A	R	Q	U	E	S
P	A	S	S	O	*	*	D	O	M	I	N	G	O
*	G	U	A	R	A	N	A	*	V	I	D	R	O
F	R	E	G	U	E	S	P	I	S	A	D	A	*
I	P	E	P	A	R	A	N	A	*	P	E	L	E
U	A	N	A	N	A	S	*	B	A	T	A	T	A

Quantas palavras oxítonas você encontrou no caça-palavras? Confira com os colegas de classe.

....

 2. Leia as palavras do quadro e acentue-as.

> bone – portugues – passaro – atras
> camara – comodo – cipo – matematica
> amem – apos – voces – armazens – alem
> xicara – Parana – pantano – vovo – bussola

298

SINAIS GRÁFICOS

a) Forme dois grupos com essas palavras.

b) Que critério você usou para formar os grupos?

3 **Escreva as palavras no singular.**

chineses _____   camponeses _____

portugueses _____   ingleses _____

fregueses _____   holandeses _____

congoleses _____   irlandeses _____

O que você notou nas palavras que você escreveu?

4 **Copie as palavras, acentuando-as quando necessário.**

doce _____   criança _____

livro _____   pele _____

cipo _____   paje _____

vidro _____   Xango _____

lata _____   atras _____

atraves _____   beleza _____

guarana _____   mocidade _____

5 **Classifique as palavras a seguir como oxítonas ou paroxítonas. Depois, acentue apenas as oxítonas terminadas por -em/-ens.**

item _____   alguem _____

armazem _____   viagens _____

299

SINAIS GRÁFICOS

nuvem	....	itens	....
porem	....	imagem	....
parabens	....	viagem	....
tambem	....	jovem	....
alem	....	desdem	....
harem	....	refem	....
bobagem	....	vaivem	....

 6 Quem digitou o texto seguinte esqueceu-se de acentuar as palavras oxítonas. Faça isso por ele.

O bom aluno
Ninguem entendia
As coisas que dizia
O papagaio gaguinho.
Mas ele justificava, ate com alegria
E muito jeitinho:
"Meu do-do-no tambem
É ga-ga-ga-gui-gui-nho".

Luís Pimentel, *Ciência hoje das crianças*, nº 49.

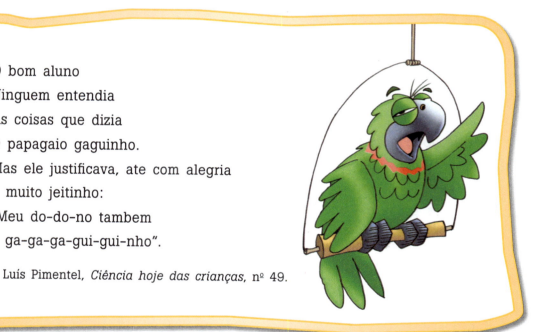

300

Acentuação gráfica (3)

Regra 3

Acentuam-se as palavras oxítonas terminadas em **-i / -u** tônicas, precedidas de vogal.

b**aú**   d**aí**   Anhangab**aú**
J**aú**   Jacar**eí**   Pia**uí**

 1. Não se acentuam as palavras oxítonas terminadas apenas pelas vogais **-i / -u**, tônicas.

urub**u**   jurut**i**   javal**i**   Pacaemb**u**

2. Não se acentuam as palavras oxítonas terminadas pelas semivogais **-i** ou **-u**.

ca**i**   ame**i**   ma**u**   caca**u**

Regra 4

Acentuam-se as palavras paroxítonas terminadas em:

a) **-i / -is**
   tá**xi**   lá**pis**   tê**nis**
   jú**ri**   grá**tis**   oá**sis**

b) **-l**
   amáve**l**   inúti**l**   possíve**l**
   duráve**l**   adoráve**l**   laváve**l**

c) ditongo
   inocênc**ia**   aparênc**ia**
   ág**ua**   sér**ie**

301

SINAIS GRÁFICOS

ATIVIDADES

1 **Copie e sublinhe a sílaba tônica. Acentue-a quando for necessário.**

juriti		javali	
taxi		aqui	
ali		lapis	
Parati		oasis	
tenis		bisturi	
abacaxi		gratis	

Quais as palavras que você acentuou? Por quê?

2 **Separe as sílabas e, com base na regra 3, acentue-as quando for necessário.**

tatu		Jacarei	
urubu		Piaui	
Jau		Tambau	
peru		jatai	
bau		açai	
bambu		Caruaru	
dai		Anhangabau	

3 **Veja a transformação:**

facilidade	**fá**cil
substantivo	adjetivo

a) Por que **fácil** é acentuado?

302

SINAIS GRÁFICOS

b) Transforme o substantivo em adjetivo.

agilidade .... utilidade ....

fragilidade .... dificuldade ....

habilidade .... amabilidade ....

possibilidade .... inutilidade ....

versatilidade .... futilidade ....

c) Copie as palavras acentuadas em ordem alfabética.

....

....

4 **Pinte da mesma cor os retângulos, de acordo com as indicações. Acentue as palavras quando necessário.**

oxítonas não acentuadas	oxítonas acentuadas
paroxítonas não acentuadas	paroxítonas acentuadas

juriti	caderno	oasis	urubu	tatu
abacaxi	jacarei	aqui	lapis	inocencia
amavel	gratis	bau	peru	bambu
javali	miseria	açai	Parati	inutil
afavel	taxi	bisturi	jatai	Pacaembu

SINAIS GRÁFICOS

a) Quais palavras oxítonas você não acentuou? Por quê?

b) Você não acentuou alguma palavra paroxítona? Qual?

c) Copie as palavras paroxítonas que você acentuou e dê dois outros exemplos de paroxítonas acentuadas pela mesma regra.

5 Você conheceu quatro regras de acentuação. Justifique oralmente o uso do acento somente nas palavras destacadas do texto abaixo com base numa dessas regras.

O violino

E no dia seguinte, ao voltar, logo que entrei na sala escutei de novo o violino. Fui direto ao quarto: Titia estava lá. Havia uma porção de músicas, de álbuns, espalhados em desordem na cama, velhos, amarelados, alguns rasgados? No porão? Em alguma caixa, escondida no fundo de um armário? Li alguns nomes em voz alta. Sem largar o violino, Titia me corrigia, ensinando-me a pronúncia correta de nomes estrangeiros. Isso estimulou a minha vaidade infantil, e, com pouco, eu já estava dizendo para os meninos de minha roda que eu sabia falar inglês, francês, italiano e alemão...

Uma seleção de contos, Luiz Vilela.

304

Crase

Direitos da criança

1. Direito à igualdade, sem distinção de raça, religião ou nacionalidade.
2. Direito à alimentação, à moradia e à assistência médica.
3. Direito ao amor e à compreensão por parte dos pais e da sociedade.

Em **à** ocorreu uma fusão da preposição **a** com o artigo **a**. Essa fusão recebe o nome de crase. Na língua escrita, indica-se a crase por meio do acento grave (`).

> **Crase** é a fusão da preposição **a** com o artigo definido feminino **a(s)**.

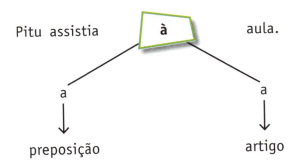

Para haver crase, é necessário que:
1. a palavra anterior exija preposição:
   assistia **a**...
2. a palavra seguinte venha antecedida de artigo feminino:
   a aula.

305

SINAIS GRÁFICOS

Não se usa a crase diante de:

1. palavras masculinas:

    Andar **a** pé.

2. verbos:

    Começou **a** falar.

3. pronomes pessoais:

    Dirigiu-se **a** mim.

 Compare as frases.

> A) O menino foi **a o** palácio.
> B) O menino foi **ao** palácio.

Na frase B, efetuamos a combinação da preposição **a** com o artigo **o**.

Faça o mesmo:

a) Ele chegou cedo **a o** clube.

_____

b) A menina dirigiu-se **a o** quarto da irmã.

_____

 Compare as frases:

> A) O menino foi **a a** praia.
> B) O menino foi **à** praia.

Na frase B, houve a fusão da preposição **a** com o artigo **a**.

A essa fusão denominamos **crase**.

SINAIS GRÁFICOS

Faça o mesmo:

a) Fui **a a** casa de minha avó.

b) O rapaz foi condenado **a a** morte.

c) Você deve assistir **a as** aulas.

d) Faremos a reunião **a a** noite.

3 **Complete com ao ou à.**

a) Ele chegou _____ colégio para assistir _____ aula.

b) As andorinhas são úteis _____ campo e _____ agricultura.

c) Eu fui _____ campo de futebol e depois _____ festa.

d) Dirigiu-se _____ mulher e depois _____ menino.

4 **Use a crase quando for necessário.**

a) Joana foi a igreja

b) Gosto de andar a cavalo.

c) Ela assistiu a festa.

d) Nada tenho a dizer sobre isso.

e) Estarei em sua casa as dez horas.

f) Diga a ela o que você pensa.

g) Devemos obedecer a lei.

5 **Complete com a, as, à, às.**

a) Esta loja vende _____ prazo.

b) Saiu _____ pressas de casa.

c) _____ vezes, ele estuda.

d) Andava _____ toa pela cidade.

SINAIS GRÁFICOS

e) Fique _____ vontade.

f) _____ dez horas sairá o desfile.

g) Permaneçam _____ direita.

h) Graças _____ Deus terminamos o trabalho.

i) Fez tudo _____ escondidas.

6 Complete os provérbios com as palavras do quadro. Use a, as, à, às quando necessário.

> jarra – roupa – luz – fonte
> feira – alma – uvas – chuva
> cadeira – ferrugem – vontade – noite

a) Quem primeiro vai _____, primeiro enche _____.

b) _____, todos os gatos são pardos.

c) Deus dá o frio conforme _____.

d) Da discussão nasce _____.

e) Quem vai _____, perde _____.

f) As boas ações enriquecem _____.

g) Amarra-se o burro _____ do dono.

h) Quem não quer se molhar, não vá _____.

i) Aonde o ferro vai, vai _____.

j) Raposa de luvas não chega _____.

7 Em uma folha à parte, escreva cinco frases. Em cada frase deve ser usada pelo menos uma vez a crase. Não acentue nenhuma palavra das frases. Quando terminar, troque a sua folha com um colega de classe. Cada um de vocês deverá acentuar as palavras, quando necessário. Pintem com lápis de cor as crases. Depois, sentem-se juntos e confiram as respostas.

308

Til

O anão

O anão equilibra uma risada
Na palma de cada mão
O seu trabalho é atrapalhar
O palhaço
O anão tropeça a cada passo,
E o circo estremece
Feito bolha de sabão.

O circo, Roseana Murray.

Usa-se o til (~) sobre as vogais **a** ou **o** quando forem pronunciadas com **som nasal**.

Exemplos:

        chão   pão   grão
        mãe   portões pães

 Reúna-se com mais dois colegas. Dividam uma folha do caderno em três colunas e escrevam no alto de cada uma:

    Frutas   Objetos   Sentimentos

Vamos ver quem é capaz de escrever, em menos tempo, mais palavras nas quais se deva usar o til? Marquem o tempo de início e término da brincadeira.

SINAIS GRÁFICOS

Não deixem os outros verem o que você estiver escrevendo. No fim, confiram quantas palavras cada um escreveu, se estão escritas e acentuadas corretamente, se dão nome a frutas, objetos e sentimentos. O vencedor será quem conseguir escrever o maior número de palavras que levam til em menos tempo.

2 As respostas a estas adivinhas são palavras escritas com til.
Será que você descobre quais são?

a) O que é que, quanto maior, mais difícil de ver?

b) O que é que, quando entra, fica do lado de fora?

c) Quem é que vive com a corda no pescoço?

d) O que é que, quanto mais quente, mais fresco é?

E esta agora, você sabe o que é?

e) O que é que tem no chão e também colocamos no pão?

3 Use o til se necessário:

macarrao	garçom	íma	maezinha	marrom	irma
leaozinho	muito	grao	caibra	capitaes	viverao
santo	órfao	viveram	sao	órgao	repoe

4 Copie, em seu caderno, o texto seguinte colocando corretamente o til:

O cao

Sou muito mais que um cao:
eu sou de estimaçao,
companhia,
distraçao.

Amigos do peito, Cláudio Thebas.

310

Cedilha/trema/hífen

Cedilha

A **cedilha (ç)** é colocada no **c** antes de **a, o, u** para lhes dar o som de **s** inicial.
ca**ç**a – come**ç**o – do**ç**ura

Não se usa a cedilha:
- no começo da palavra: **c**erteza, **c**imento;
- quando o **c** for seguido de **e, i**: comec**e**, sac**i**.

Trema

O **trema** (¨) são dois pontos usados sobre o **u**.
- De acordo com a nova ortografia da língua portuguesa, o trema foi completamente eliminado das palavras portuguesas ou aportuguesadas.
Exemplos: linguiça, cinquenta, tranquilo, pinguim.

- O trema só é usado nas palavras derivadas de nomes próprios escritas com esse sinal.
Exemplos: mülleriano (de Müller)

Hífen

Emprega-se o **hífen** (-) para:
- separar as sílabas de uma palavra:
a-çú-car, be-bi-da

- ligar palavras compostas:
bem-te-vi, pica-pau

- ligar o pronome ao verbo:
encontrou-o, entregou-me

SINAIS GRÁFICOS

ATIVIDADES

1. Qual pescador pegou mais peixes?

Para descobrir, primeiro complete os espaços com c ou ç. Depois, ligue o pescador de camisa azul às palavras escritas com c, e o pescador de camisa branca às palavras escritas com ç.

bra o
a úcar
esque i
dan arina
mor ego
domi ílio
con erto
pregui a
lan e

po o
pin el
ro a
rica o
te ido
palá io
imento
esque o
inten ão

312

a) Responda:

Qual pescador pegou mais peixes?

 2 **Empregue o hífen quando necessário.**

a) Peço lhe que traga o guarda sol.

b) Ofereceu me uma banana maçã.

c) Agradou nos o canto do bem te vi.

d) Encontrei o sentado na calçada.

Letra maiúscula

Emprega-se a letra maiúscula em:

a) nomes próprios de:
- **pessoas:** Luís, Gustavo, Carlos, Roseli;
- **países:** Brasil, Itália, Espanha, Argentina;
- **cidades:** Londrina, Rio de Janeiro, Barra Bonita;
- **rios:** Amazonas, Paraná, São Francisco;
- **estados:** Minas Gerais, São Paulo, Pernambuco.

b) início de frases:

> **N**ão chovia há muitos e muitos meses, de modo que os animais ficaram inquietos. **U**ns diziam que ia chover logo, outros diziam que ainda ia demorar. **M**as não chegavam a uma conclusão.

 1 Copie o trecho seguinte em seu caderno, empregando corretamente a letra maiúscula.

nós somos cinco: fábio, adriana, pedro paulo, eduardo, lavínia. eu sou o quarto da lista. me chamo eduardo. é bom você saber meu nome, porque nesta história vai entrar tanta criança que dá pra fundir a cuca de qualquer um. toda vez que você ouvir falar em eduardo, já sabe que sou eu. às vezes me chamam edu.

314

SINAIS GRÁFICOS

 2 **Você vai encontrar a seguir um convite de casamento.**

a) Localize os nomes próprios.

b) Veja como eles foram escritos.

Laercio Carreta de Souza
Luziene Cruvinel

Roberval Lopes de Souza
Márcia Martins Mauro

Convidam para a cerimônia religiosa do casamento de seus filhos

Jordaste   Luiza

A realizar-se no dia 25 de maio de 2004, às 19 horas, na Capela de Nossa Senhora do Socorro, situada no Largo da Matriz, em Vitória, onde os noivos receberão os cumprimentos.

Alameda dos Macanás, 70
Bairro São João
Piúma – ES

Rua das Castanheiras, 28
Bairro Santo Antônio
Anchieta – ES

---

 3 **Invente um convite de casamento.**
Cuidado: os nomes próprios devem ser escritos com letra inicial maiúscula.

 4 **Leia a resenha de um livro.**

Alice no País das Maravilhas. Lewis Carroll. Adaptação de Cristina Porto da tradução original de Monteiro Lobato. Companhia Editora Nacional.

Quando decidiu seguir um coelho que estava muito atrasado, Alice caiu em um enorme buraco. Só mais tarde descobriu que aquele era o caminho para o País das Maravilhas, um lugar imprevisível e encantador. Lá conheceu o Gato Careteiro, o Chapeleiro Maluco, a Lebre Telhuda, o Grifo, o Rei e a Rainha de Copas, a Tartaruga Nostálgica e muitas outras intrigantes criaturas.

315

SINAIS GRÁFICOS

a) Localize o nome do autor, do livro e da editora. Por que esses nomes estão escritos com letra inicial maiúscula?

b) Além desses dados o que a resenha de um livro apresenta?

5 Escolha um livro de que você gostou muito e faça uma resenha. Coloque a letra inicial maiúscula ao escrever os nomes próprios.

9 Ponto final, de interrogação, de exclamação

Idade da Pedra

— O homem da Idade da Pedra já cultivava o trigo e a cevada há 8 mil anos.

— Oito mil anos? Mas isso é tempo demais, seu Nonô! Dá pra uma pessoa nascer, viver e morrer quantas vezes?

— Imagine que essa pessoa, Tavico, vivesse em média 80 anos. É só dividir 8.000 por 80 pra ter a resposta à sua pergunta.

— Cem vezes?!? Isso tudo? É muita coisa!

— Tudo isso mesmo.

Serafina sem rotina, Cristina Porto.

Ao falar as frases, você dá entonações diferentes a cada uma delas. Para indicar essas entonações, próprias da língua falada, empregam-se, na língua escrita, sinais de pontuação no final de cada frase.

No fim de frase, são usados três sinais de pontuação:

1. ponto final (.) – marca o fim de frases declarativas afirmativas ou negativas.

    O homem da Idade da Pedra já cultivava o trigo e a cevada há 8 mil anos.

2. ponto de interrogação (?) – marca o fim de frases interrogativas.

    Oito mil anos?

3. ponto de exclamação (!) – marca o fim de frases exclamativas.

    Mas isso é tempo demais, seu Nonô!

317

SINAIS GRÁFICOS

ATIVIDADES

 Reúna-se com mais dois colegas.

Pensem, juntos, em outras possibilidades de escrever estas frases, usando outros sinais de pontuação.

1. A sessão começou. Não dá para entrar.

2. O jogo ainda não acabou.

Empreguem ponto de exclamação, de interrogação, travessão.

Uma dica: As frases de cada item podem ser divididas, formando-se duas ou três frases usando as mesmas palavras, na mesma sequência. Quando todos os grupos terminarem, confiram as frases. Um de vocês pode anotar as sugestões dos grupos na lousa para os outros copiarem.

 Copie o texto seguinte em seu caderno, substituindo o sinal ○ por um sinal de pontuação adequado: ponto final, ponto de interrogação ou ponto de exclamação.

— Joãozinho, quem descobriu a América○

Joãozinho pensou, pensou e não saía ideia nenhuma○

— Quem descobriu a América, menino○

— ?!...

— Então você não sabe, Joãozinho○ Que vergonha○ Quem foi○ Responda○

Joãozinho ficou corado○ Precisava de arrumar uma resposta e ela não vinha○

— Quem descobriu o Brasil foi Pedro Álvares Cabral...

— Não perguntei o Brasil○ Perguntei a A-mé-ri-ca○

— E o Brasil não fica na América○

— Fica○ Por quê○

— Então, ele descobriu o Brasil○ Depois, ele saiu de navio por aí e descobriu o resto da América○

O furta-sonos e outras histórias, Elias José.

Vírgula

Emprega-se a vírgula para:

1. separar palavras de uma enumeração:
   Comprei **caderno, livro, lápis** e **apontador**.

 Não se usa a vírgula antes da palavra **e**.

2. separar da frase palavras que indicam chamamento:
   — **Meu filho**, que é que você está carregando aí?

3. separar as palavras explicativas **isto é** ou **por exemplo**:
   D. Pedro I proclamou nossa Independência, **isto é**, libertou nosso país de Portugal.

4. separar datas:
   São Paulo, **20 de maio de 1990.**

5. separar palavras de valor explicativo:
   O rapaz, **órfão de pai e mãe**, saiu pelo mundo.

6. separar as várias ações da personagem:
   Peguei todas as bonecas, **levei** para o fundo do quintal, **botei** fogo.

319

SINAIS GRÁFICOS

ATIVIDADES

1 Observe as figuras e escreva uma frase sobre cada uma delas. Comece as suas frases com uma ou mais palavras que indiquem chamamento. Dê nomes às personagens.

SINAIS GRÁFICOS

321

SINAIS GRÁFICOS

 Leia os textos e use vírgula quando achar necessário. Depois, confira as suas respostas com as dos colegas de classe.

a) Será que você consegue dizer o que cobras tartarugas lagartos e crocodilos têm em comum? Já lembrou? É isso todos eles são répteis animais com o corpo coberto por pele seca com escamas e escudos. [...]

b) Os répteis têm sangue frio isto é seu corpo fica na mesma temperatura que a do ambiente em que estão. Se faz calor o corpo esquenta. Se faz frio ficam gelados. [...]

c) Tartarugas cágados e jabutis são os únicos répteis com casco. Quando sentem o perigo escondem cabeça patas e rabo dentro da carapaça como se ela fosse uma casa para se proteger. [...]

Escamas e escudos – os répteis. Coleção Conhecendo os animais.

 Use a vírgula quantas vezes for indicado nos parênteses.

a) (6) Era uma mulher alta rosto redondo olhar firme. Não era muito jovem tinha cabelo dourado ar dócil olhos verdes maçã do rosto corada.

b) (2) O Fala Mole era um menino moreno forte de voz preguiçosa e cantada.

c) (3) Outra figura é a do professor João Ricardo. Homem velho bigode branco óculos escuros pigarro de quem sofre de asma.

d) (2) O homem me levou à sala de curativos pediu um algodão com mertiolate passou a mão na minha cabeça.

e) (3) O homenzinho miúdo levantou-se tirou um papel do bolso desdobrou-o pôs-se a ler.

 Complete as frases prestando atenção no uso da vírgula.

a) Pense em seu pai. Como ele é? Escreva, pelo menos, quatro características dele.

Meu pai é um homem _____.

b) Cite, pelo menos, quatro nomes de colegas.

Gosto de brincar com _____.

Gosto de estudar com _____.

SINAIS GRÁFICOS

c) Pense numa sequência de, pelo menos, quatro ações que você realizou nas férias.

Nas férias eu _____.

d) Cite os alimentos que você mais gosta de comer.

Eu gosto de comer _____.

5 **Do trecho abaixo foram retiradas algumas vírgulas usadas para indicar enumeração. Reescreva-o, pontuando-o corretamente.**

"Não é justo lembrar das bactérias só por causa das doenças que causam. Elas atualmente fazem quase de tudo para tornar a nossa vida mais agradável. E uma coisa que fazem cada vez melhor é comer lixo. Petróleo plástico resíduos industriais inseticidas – a lista cresce a cada dia. É natural, já que as bactérias foram os primeiros seres do planeta."

Superinteressante, ano 8, nº 8.

Travessão e dois-pontos

O adivinho

Um adivinho, sentado em uma praça de mercado, estava prevendo o futuro das pessoas. De repente, um homem correu em sua direção e gritou:

– Feiticeiro! As portas da sua casa foram arrombadas. E os ladrões estão roubando todos os seus bens.

O adivinho parou imediatamente o que estava fazendo e correu o mais rápido que podia.

Um homem, vendo tudo isso, disse:

– Que belo adivinho! Consegue ver o destino dos outros, mas é incapaz de adivinhar o seu próprio.

Fábula de Esopo.

Travessão

Emprega-se o travessão para indicar a fala da personagem:

> De repente, um homem correu em sua direção e gritou:
> – Feiticeiro! As portas da sua casa foram arrombadas. E os ladrões estão roubando todos os seus bens.

Dois-pontos

Empregam-se os dois-pontos para anunciar a fala da personagem:

> Um homem, vendo tudo isso, disse:
> – Que belo adivinho! Consegue ver o destino dos outros, mas é incapaz de adivinhar o seu próprio.

SINAIS GRÁFICOS

ATIVIDADES

  Observe a ilustração. Dê nome às pessoas que aparecem nelas. Imagine e escreva um diálogo entre essas pessoas, usando dois-pontos e travessão.

  No texto seguinte faltam o travessão e os dois-pontos. Copie o texto usando corretamente esses dois sinais de pontuação.

O pastorzinho e o Lobo

Um pastorzinho travesso, que cuidava de um rebanho de ovelhas perto do vilarejo, resolveu pregar uma peça nos seus vizinhos aldeões.

Ele vinha até o vilarejo e gritava com todos os pulmões

O Lobo! O Lobo!

Os moradores então se reuniam apressadamente com foices e facões para enfrentar o Lobo, mas quando chegavam ao local, viam apenas o rebanho intacto e o menino a rolar de rir no chão.

325

SINAIS GRÁFICOS

Mais de uma vez aconteceu do pastorzinho chegar aos aldeões e gritar

O Lobo! O Lobo!

E a cena se repetia. E o menino ria sem parar da peça que tinha pregado.

Por fim, irritados, os vizinhos decidiram não dar mais ouvidos ao pequeno pastor. Um deles disse

Deixemos esse mentiroso de lado e vamos cuidar de nossa vida!

Um certo dia, o Lobo realmente apareceu. E logo começou a matar cruelmente as ovelhas.

O pastorzinho, apavorado, correu até o vilarejo e começou a berrar em pânico

O Lobo! O Lobo!

Ao verem o menino, os aldeões comentavam uns com os outros

É aquele pirralho de novo! Não vamos mais cair nessa!

Vendo o desprezo das pessoas, o pequeno pastor insistiu

Por favor, me ajudem! É verdade! O Lobo está matando minhas ovelhas!

E deixaram-no gritando sozinho, sem dar maior atenção.

Enquanto isso, o Lobo, sem ter o que temer, devorava sossegadamente todo o rebanho.

Moral Não acredite em um mentiroso, mesmo que ele esteja falando a verdade.

Fábula de Esopo.

 3 Copie o texto, substituindo o ○ por um dos sinais de pontuação:

- vírgula
- dois-pontos
- ponto final
- ponto de interrogação
- travessão
- ponto de exclamação

326

SINAIS GRÁFICOS

Logo de manhã ⬡ Marcelo começou a falar sua nova língua ⬡

⬡ Mamãe ⬡ quer me passar o mexedor ⬡

⬡ Mexedor ⬡ Que é isso ⬡

⬡ Mexedorzinho ⬡ de mexer café ⬡

⬡ Ah ⬡ a colherinha ⬡ você quer dizer ⬡

⬡ Papai ⬡ me dá o suco de vaca ⬡

⬡ Que é isso ⬡ menino ⬡

⬡ Suco de vaca ⬡ ora ⬡ Que está no suco-da-vaqueira ⬡

⬡ Isso é leite ⬡ Marcelo ⬡ Quem é que entende este menino ⬡

Marcelo, Marmelo, Martelo e outras histórias, Ruth Rocha, São Paulo: Salamandra.

Aspas

O reizinho mandão

O príncipe era um sujeitinho muito mal-educado,
mimado, destes que as mães deles
fazem todas as vontades, e eles
ficam pensando que são os donos do mundo.
Precisa de ver que reizinho chato que ele ficou!
Mandão, teimoso, implicante, xereta!
Ele era tão xereta, tão mandão,
que ele queria mandar
em tudo que acontecia no reino.
Quando eu digo tudo, era tudo mesmo!
A diversão do reizinho era fazer leis
e mais leis. E as leis que ele fazia
eram as mais absurdas do mundo.
Olhem só esta ali:
"Fica terminantemente proibido cortar a unha
do dedão do pé direito em noite de lua cheia!"

O reizinho mandão, Ruth Rocha.

Observe os sinais usados no texto:

> "Fica terminantemente proibido cortar a unha do dedão do pé direito em noite de lua cheia!"

Esses sinais (" ") são chamados **aspas**.

SINAIS GRÁFICOS

Empregam-se as aspas para:

1) transcrever textos ou expressões:

   Na frase "Mandão, teimoso, implicante, xereta!", a autora apresenta algumas das características da personagem.

2) indicar citações:

   Olhem só esta ali:

   "Fica terminantemente proibido cortar a unha

   do dedão do pé direito em noite de lua cheia!"

3) chamar a atenção para uma palavra ou expressão:

   A palavra "mal-educado" escreve-se separadamente, ligada por hífen.

Leia atentamente a notícia a seguir.

Encontro entre idosos e crianças em Curitiba

Alunos do EM Dom Bosco, de Curitiba – PR, escolheram uma forma diferente para encerrar a ação educativa em 2004. Eles organizaram um encontro com idosos da comunidade. Trabalhamos este semestre com a temática da terceira idade estimulados pelo projeto. Com isso, as crianças resolveram convidar vários idosos e promover uma confraternização educativa com eles, conta a professora Eliane Rufino.

Os visitantes puderam ver os trabalhos feitos pelos alunos sobre os direitos das pessoas da terceira idade, além de uma pesquisa feita na comunidade sobre os hábitos e as preferências dos idosos. Depois responderam a perguntas sobre seu tempo de criança e de jovem.

A aposentada Neiva Godoy era uma das mais empolgadas com a experiência. Achei muito importante esse encontro. Os jovens de hoje não respeitam muito os idosos e isso é muito grave, comentou ela. É muito bom que os garotos possam conhecer como a nossa vida era diferente da deles e que um dia fomos jovens assim como eles são hoje.

http://voceapita.locaweb.com./br/noticias/visualizanoticia.asp?idn=188
Acesso em: fevereiro de 2006.

SINAIS GRÁFICOS

1 **Há nessa notícia trechos que devem ser colocados entre aspas.**

a) Use corretamente as aspas.

_____
_____
_____
_____
_____
_____
_____

b) Explique por que você as usou.

_____
_____

2 **Explique por que foram usadas as aspas nos textos seguintes:**

a) A notícia "Encontro entre idosos e crianças em Curitiba" foi publicada na Internet.

_____

b) Agora, por que é que o reizinho queria mandar

no dedão das pessoas

isso ninguém, jamais, vai saber.

Outra lei que ele fez:

"É proibido dormir de gorro

na primeira quarta-feira do mês".

_____

3 Copie, de um jornal, revista ou livro, um texto em que tenham sido usadas aspas. Explique por que elas foram usadas.

330

Reticências

Catapimba

O jogo foi esquentando. Catapimba pegou a bola. Passou pelo Maneco, enganou o Chico, driblou o Firmeza. Todo mundo pensou:

— Desta vez é gol.

Qual nada. Quando ele estava bem na frente do gol...

— PRRRIIIUUU!

Todo mundo caiu em cima do Armandinho:

— Juiz ladrão!...

A torcida estava toda do nosso lado:

— Juiz ladrão!!

O Armandinho estava até gago:

— N-não, p-pessoal, não fui eu!

— Como é que não foi?

— Vai ver que foi fantasma.

— Quem foi que apitou, então?

Nisso, tudo mundo ouviu:

— PRRRIIIUUU!

— Vocês ouviram? Não fui eu!

— Quem foi? Quem não foi?

Seu Manuel começou a rir. Ria tanto que até se engasgou. Ninguém entendia nada. Seu Manuel apontava para a casa dele, e ria, ria.

Catapimba resolveu ir ver o que havia.

Pulou o muro do seu Manuel e... lá estava o apitador!

O papagaio do seu Manuel, o Bicão, com a cara mais inocente deste mundo, olhou para o Catapimba e...

— PRRRIIIUUU!

Não é que o papagaio, de tanto ouvir a gente jogar, tinha aprendido a apitar?

Catapimba e sua turma, Ruth Rocha.

SINAIS GRÁFICOS

Observe os sinais de pontuação usados no texto:

> Quando ele estava bem na frente do gol...

Estes sinais (...) são chamados **reticências**.

As reticências são uma série de três pontos usados para:

1) interromper uma frase:

   Qual nada. Quando ele estava bem na frente do gol...

2) Comunicar sentimentos de surpresa, de hesitação, de alegria, de tristeza, de raiva, etc.:

   E a árvore falava:

   – Ah! Vento impiedoso, que me faz gemer tanto, embaraçando os meus cabelos compridos... Não quero saber dele, não quero saber dele... Ai, ai, ai,...

3) indicar a continuidade de uma ideia:

   Tristeza não tem fim
   Felicidade sim...

 Explique por que foram usadas as reticências nas seguintes passagens do texto:

a) Pulou o muro do seu Manuel e... lá estava o apitador!

b) O papagaio do seu Manuel, o Bicão, com a cara mais inocente deste mundo, olhou para o Catapimba e...

c) – Juiz ladrão!...

332

SINAIS GRÁFICOS

 Escreva três frases usando reticências para:

- indicar interrupção da frase;

  ....
  ....

- comunicar um sentimento;

  ....
  ....

- indicar a continuidade de uma ideia.

  ....
  ....

Ortografia

Lição 1 Grafia do H
Lição 2 Grafia do G/J
Lição 3 Grafia do S/Z
Lição 4 Grafia do X/CH
Lição 5 Grafia do C/Ç/SS/SC
Lição 6 Grafia junta e grafia separada
Lição 7 Emprego do por que / por quê / porque
Lição 8 Grafia de palavras terminadas por –em
Lição 9 Grafia de traz/atrás, mal/mau, mais/mas
Lição 10 Abreviaturas, símbolos e siglas

Grafia do H

A letra H não representa nenhum som.

É uma **hora**.   Por **ora** é só isso.

Estas palavras têm **o mesmo som**.

Palavras com H inicial

Haiti	hérnia	hipódromo	horário
hálito	herói	hipopótamo	horizonte
hangar	hesitar	hipoteca	horóscopo
harmonia	hiato	hipótese	horror
Havaí	híbrido	histeria	horta
Havana	hidráulica	hoje	hortelã
hebreu	hidrogênio	holandês	hortênsia
hectare	hiena	holofote	horto
hélice	hierarquia	homenagem	hóspede
hemisfério	hífen	homeopatia	hospício
hemorragia	higiene	homicida	hospital
hemorroidas	Himalaia	homicídio	hostil
hepatite	hindu	homogêneo	hotel
hera (planta)	hino	honesto	humano
herança	hipismo	honorários	humilde
herbáceo	hipnotizar	honra	humilhar
herbívoro	hipocrisia	honraria	humor

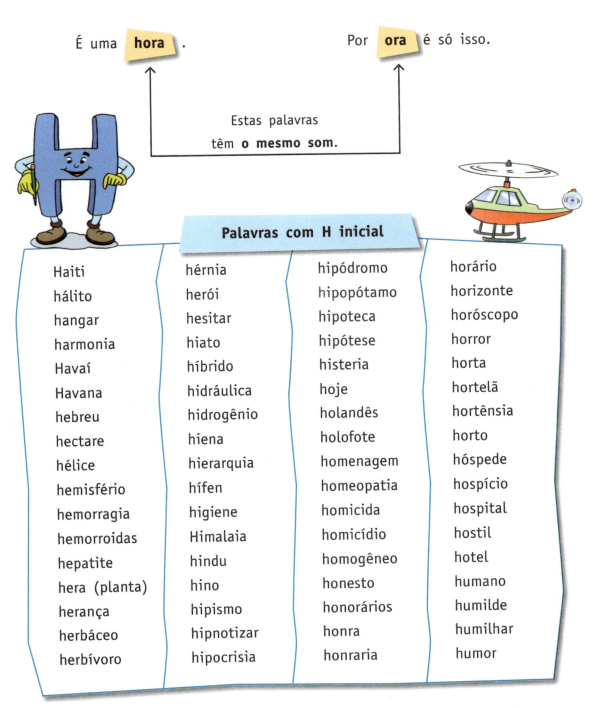

ORTOGRAFIA

ATIVIDADES

1 Empregue a letra h quando necessário. A seguir, copie as palavras grafadas com h em ordem alfabética.

_____oje   _____omoplata   _____élice   _____onesto

_____ontem   _____ombro   _____erva   _____orário

_____ectare   _____umilde   _____erói   _____inverno

_____igiene   _____úmido

_____

_____

_____

_____

_____

_____

2 Escreva a palavra de sentido contrário.

honesto – **des**onesto

humano _____   honestidade _____

honrado _____   habitado _____

3 Construa uma frase com as palavras de cada item:

a) ontem – hoje

_____

b) erva – herbívoro

_____

ORTOGRAFIA

c) humilde – úmido

_____

_____

d) harmonia – união

_____

_____

 Vamos fazer uma brincadeira?

Sente-se com um colega. Arranjem um dicionário para cada um.

Marquem um tempo para copiar do dicionário palavras escritas com h (10 minutos, por exemplo). Terminado o tempo, confiram as palavras que copiaram. Cada palavra copiada vale 1 ponto.

Mas atenção: palavras repetidas (que os dois copiaram) não valem ponto.

Contem os pontos. O vencedor será quem tiver copiado o maior número de palavras do dicionário, diferentes das copiadas pelo colega.

Grafia do G/J

Compare as letras destacadas:

bre **j** o — têm o mesmo som. — **g** esto

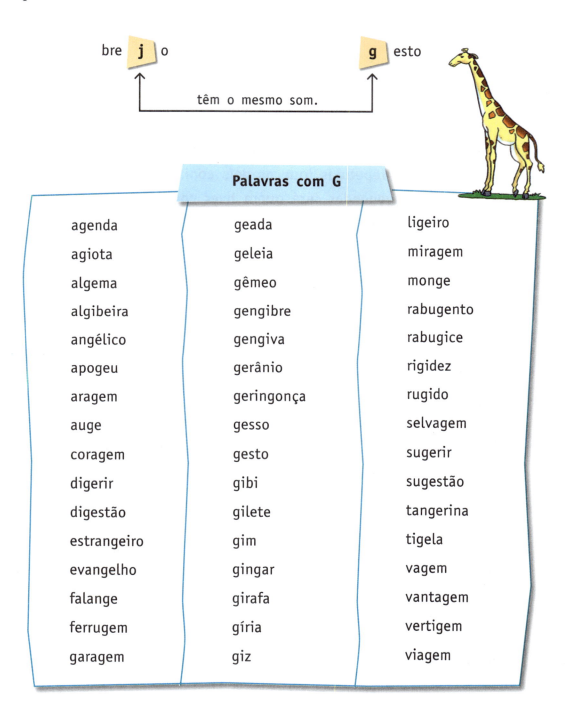

Palavras com G

agenda	geada	ligeiro
agiota	geleia	miragem
algema	gêmeo	monge
algibeira	gengibre	rabugento
angélico	gengiva	rabugice
apogeu	gerânio	rigidez
aragem	geringonça	rugido
auge	gesso	selvagem
coragem	gesto	sugerir
digerir	gibi	sugestão
digestão	gilete	tangerina
estrangeiro	gim	tigela
evangelho	gingar	vagem
falange	girafa	vantagem
ferrugem	gíria	vertigem
garagem	giz	viagem

338

ORTOGRAFIA

Palavras com J

ajeitar	jeca	objeção
anjinho	jeito	ojeriza
berinjela	jenipapo	pajé
cafajeste	jesuíta	pajem
canjica	jiboia	projeção
cerejeira	laje	projétil
desajeitado	laranja	rejeição
enjeitar	laranjeira	rejeitar
gorjear	loja	sarjeta
gorjeio	lojista	sujeito
gorjeta	majestade	traje
granjeiro	majestoso	trejeito
injeção	manjericão	ultraje
igreja	moji	varejeira

339

ORTOGRAFIA

ATIVIDADES

 Ajude Chapeuzinho Vermelho a chegar à casa da vovó. Na trilha que ela deve seguir só há palavras escritas com j. Já o Lobo Mau vai seguir a trilha das palavras escritas com g. Onde será que ele vai chegar? Complete as palavras com g ou j e trace os caminhos que cada um vai seguir.

gen_iva
ferru_em ti_ela
reló_io _eito
ar_ila gara_em su_estão _esto
a_eitar selva_em
_ibóia
mon_e
berin_ela in_eção ma_estade
gor_eio
ma_estoso
pa_em

340

ORTOGRAFIA

2 Complete com g ou j. A seguir, copie a palavra na forma correta.

ti_____ela _____   in_____eção _____

_____esto _____   ar_____ila _____

a_____eitar _____   _____aragem _____

ferru_____em _____   gen_____iva _____

_____eito _____   ma_____estade _____

_____iboia _____   ma_____estoso _____

berin_____ela _____   mon_____e _____

gor_____eio _____   su_____estão _____

gor_____eta _____   pa_____em _____

reló_____io _____   selva_____em _____

3 Forme palavras derivadas de:

laranja _____

jeito _____

selva _____

ferro _____

cereja _____

coragem _____

4 Invente uma frase em que apareçam as palavras de cada item:

a) jeito – majestade

_____

b) gorjeio – jiboia

_____

c) pajé – gesto

_____

341

3 Grafia do S/Z

Palavras com Z

Amazonas	cafezal	doze	giz	prazer
Amazônia	cafezinho	dureza	gozar	prazo
amizade	capuz	duzentos	gravidez	prejuízo
anãozinho	certeza	dúzia	horizonte	prezado
aprendiz	civilização	economizar	hospitalizar	raiz
armazém	civilizar	encruzilhada	humanizar	rapaz
arroz	clareza	enfezar	infeliz	realizar
atriz	colonizar	escandalizar	introduzir	reza
atroz	correnteza	escassez	juiz	riqueza
avezinha	cozinha	escravizar	juízes	rivalizar
avizinhar	cozinhar	especializar	lazer	simpatizar
azedar	cozinheira	esperteza	luz	sintetizar
azedo	cruz	estranheza	magreza	surdez
azeite	cruzada	estupidez	modernizar	talvez
azeitona	cruzeiro	faz	moleza	tranquilizar
azia	delicadeza	fazenda	nariz	traz
azul	desprezar	fazer	natureza	treze
azulejo	desprezo	feliz	nobreza	trezentos
baliza	dez	feroz	noz	tristeza
batizar	dezembro	fez	nudez	vazante
beleza	dezena	fezes	organizar	vazio
bezerro	dezenove	finalizar	paizinho	veloz
boniteza	dezesseis	firmeza	papelzinho	vez
brabeza	dezessete	fiscalizar	paz	vezes
braveza	dezoito	fiz	pazinha	vizinho
buzina	diz	fortaleza	pezinho	voz
buzinar	dizer	franqueza	pobreza	xadrez

ORTOGRAFIA

Palavras com S

adeus	chinês	gasolina	país
adeusinho	chinesa	gasoso	paisagem
aliás	conciso	Goiás	países
analisar	conclusão	gostoso	parafuso
análise	contusão	grisalho	paraíso
apesar	cortesia	guloso	paralisar
após	crase	holandês	paralisia
asa	crise	holandesa	pesquisa
atrás	decisão	inglês	pesquisar
atraso	defesa	inglesa	português
através	despesa	invés	portuguesa
avisar	deusa	Isabel	pôs
aviso	empresa	japonês	precisar
bis	entrosar	japonesa	preciso
bisavó	escocês	lápis	presépio
blusa	escoceses	lapisinho	presídio
brasa	esposa	lilás	princesa
Brasil	esposo	liso	prosa
brisa	esquisito	lousa	pus
camisa	fantasia	Luís	querosene
camiseta	formoso	maisena	quis
camponês	formosura	marquês	raposa
camponesa	francês	marquesa	raso
casa	francesa	mês	represa
casamento	frase	mesa	reserva
casar	freguês	meses	resumir
casebre	freguesa	miséria	revisão
caso	frisar	mosaico	sobremesa
catequese	gás	música	teimosia

343

ORTOGRAFIA

ATIVIDADES

 Sente-se com um colega. Tracem quatro diagramas do jogos da velha. Em cada jogo, ganha quem conseguir formar uma coluna na horizontal, vertical ou diagonal de palavras escritas com s que tenha som de z. O vencedor das quatro rodadas será aquele que conseguir mais vitórias. Para ser vencedor, é preciso que todas as palavras estejam escritas corretamente e que o s das palavras das colunas tenha mesmo som de z.

 Observe as palavras do quadro:

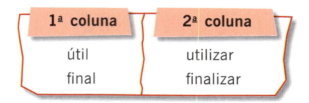

a) A que classe gramatical pertencem as palavras da 1ª coluna?
_____

b) E as palavras da 2ª coluna?
_____

c) Como foram formadas essas palavras da 2ª coluna?
_____

d) Continue escrevendo as palavras que faltam na 2ª coluna.

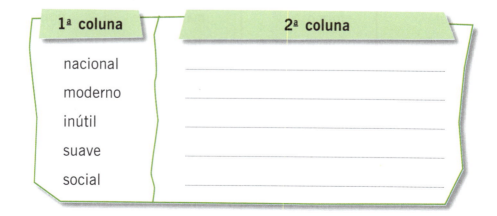

344

ORTOGRAFIA

 3 Agora, escreva verbos derivados destas palavras:

aviso ....
pesquisa ....
uso ....
paralisia ....
análise ....

O que há em comum entre todas as palavras do quadro?

....

 4 Observe:

português	portugu**esa**
masculino	feminino

> A terminação **-esa** indica nacionalidade.

Dê o feminino:

chinês ....   francês ....
japonês ....   polonês ....
holandês ....   norueguês ....
inglês ....   javanês ....

 5 Observe a transformação:

belo	bel**eza**
adjetivo	substantivo

> A terminação **-eza** indica qualidade, estado.

345

ORTOGRAFIA

Faça o mesmo:

gentil _____   certo _____

duro _____   fraco _____

claro _____   pobre _____

franco _____   forte _____

delicado _____ firme _____

6 **Use a terminação -oso para formar adjetivos.**

> preguiça – *preguiç**oso***

malícia _____   amor _____

valor _____   coragem _____

sabor _____   cuidado _____

7 **Escreva de outro jeito, seguindo o exemplo:**

Ele tem orgulho.   *É orgulh**oso**.*

Ele tem jeito.   _____

Ele tem poder.   _____

Ele tem medo.   _____

Ele tem carinho.   _____

Ele tem capricho.   _____

8 **Observe a formação dos diminutivos:**

> urso   +   -inho   =   ursinho
>
> café   +   -zinho   =   cafezinho

a) O que indicam as terminações *-inho* e *-zinho*?

_____

346

ORTOGRAFIA

b) Por que **ursinho** foi escrito com **s** e **cafezinho** foi escrito com **z**?

....

....

....

Dê o diminutivo dos substantivos abaixo:

casa .... árvore ....

papel .... rio ....

luz .... lápis ....

torre .... homem ....

9 **Historinha maluca.**

Invente uma história – real ou imaginária, humorística ou dramática – com as palavras de um dos grupos abaixo:

a) Brasil – maisena – cozinha – cruz – chinês

b) rapaz – atrás – giz – camiseta – princesa

c) através – guloso – português – talvez – azedo

347

Grafia de X/CH

Observe as letras destacadas:

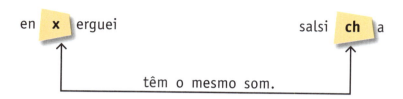

en **x** erguei   salsi **ch** a

têm o mesmo som.

Palavras com X

abacaxi	coaxar	enxugar	oxalá
ameixa	coxa	enxurrada	puxão
baixa	encaixe	faixa	puxar
baixada	encaixotar	faxina	relaxamento
baixela	enfaixar	faxineiro	relaxar
baixeza	enfeixar	feixe	rixa
baixo	engraxar	frouxo	taxa (imposto)
bexiga	enxada	graxa	trouxa
bexiguento	enxaguar	lixa	vexame
broxa (pincel)	enxame	lixeiro	xadrez
bruxa	enxergar	lixo	xarope
caixão	enxerto	luxo	xerife
caixote	enxofre	luxuoso	xícara
Caxambu	enxotar	mexer	xingar
caxumba	enxoval	mexerico	xucro

ORTOGRAFIA

Palavras com CH

boliche	chope	colchão	fichário
broche	chuchu	comichão	flecha
bucha	churrasco	concha	inchar
cachimbo	chutar	deboche	machucar
cachola	chute	despachar	mochila
chá (planta)	chuteira	encharcar	pechincha
chácara	chuva	encher	rachar
chafariz	cochichar	fachada	salsicha
chave	cochicho	fecho	tacho
cheque	colcha	ficha	tocha

ATIVIDADES

 1 Leia as palavras do quadro.

exagero – coaxa – lixo – tóxico

sexo – luxo – xerife – exame

oxigênio – xícara – exercício

existir – crucifixo – xampu

exemplo – fixar – exército – fixo

a) O que existe em comum entre todas as palavras do quadro?

b) Em todas elas o **x** tem o mesmo som?

349

ORTOGRAFIA

c) Quantos grupos de palavras podem ser formados de acordo com os sons do **x**? Forme os grupos.

d) Que som tem o **x** em cada grupo que você formou?

2 **Preste atenção às palavras que o professor vai ditar e escreva-as no quadro, separando as que são escritas com ch e com x.**

Palavras com X	Palavras com CH

3 **Copie as palavras do quadro na ordem alfabética:**

choque – chave – chofer – rachar – cheio – encher – chalé – trecho

cheque – chapéu – colcha – chafariz – chicote – chaleira

borracha – inchar – colchão – cochichar

350

ORTOGRAFIA

4 **Construa uma frase com as palavras de cada item:**

a) flecha – coxa:

b) xarope – xícara:

c) lixo – salsicha:

d) mexer – ficha:

e) chuchu – churrasco:

f) chafariz – enxurrada:

g) bruxa – chuteira:

Grafia de C/Ç/SS/SC

Palavras com C

acender
acento (sinal gráfico)
acerto
acessório
acetinado
adocicado
agradecer
alicerce
amadurecer
amanhecer
anoitecer
aquecer
cacique
cebola
cédula
ceia
cela (cubículo)
cem (numeral)
cemitério
cenoura
censura
centavo
cérebro
cesto
cicatriz
ciclo
cidra

cifrão
cigarro
cimento
cinquenta
cintura
circo
ciúme
cócegas
disfarce
docente
encenação
escocês
excepcional
falecer
focinho
macieira
macio
morcego
parecer
penicilina
percevejo
sobrancelha
tecelagem
tecido
vacilar
vacina

Palavras com Ç

aço
açúcar
açude
almaço
almoço
arruaça
bagaço
caça
caçula
calça
camurça
cansaço
dança
dentuça
descrição
disfarçar
dobradiça
endereço
enguiço
exceção
exibição
feitiço
iguaçu

inchaço
laço
licença
linguiça
maçã
maçaneta
medicação
opção
paçoca
pinça
poço
rebuliço
roliço
sumiço
taça
tapeçaria
terçol
terraço
traça
trapaça
troço
vidraça
utilização

352

ORTOGRAFIA

Palavras com SS

acessível	demissão
admissão	depressa
admissível	dezesseis
agressão	dezessete
amassar	discussão
apressar	disse
assar	emissão
assassinar	escassez
asseio	excessivo
assentar	expressão
assessor	fossa
assessoria	gesso
assíduo	girassol
assinar	impressão
assobiar	interesse
assoprar	intromissão
aterrissagem	massagem
atravessar	necessidade
avesso	obsessão
bússola	opressão
carrossel	permissão
cassino	profissional
comissão	progresso
compasso	promessa
compromisso	regresso
concessão	sessenta
condessa	sossego
confissão	sucessão

Palavras com SC

acrescentar	florescência
acréscimo	florescente
adolescência	florescer
adolescente	imprescindível
ascendente	incandescente
ascender (subir)	miscigenação
ascensão (subida)	nascer
ascensorista	obsceno
condescendência	oscilação
consciência	piscicultura
crescente	piscina
crescer	prescindir
crescimento	remanescente
descendência	reminiscência
descer	renascença
descida	renascimento
discernimento	rescindir
disciplina	ressuscitar
discípulo	seiscentos
efervescência	suscitar
enrubescer	transcendência
fascículo	transcendente
fascínio	víscera
fascismo	visceral

353

ORTOGRAFIA

ATIVIDADES

1 Copie as palavras da relação abaixo na ordem alfabética:

nascer	sossego
depressa	girassol
acessório	crescer
exceção	excepcional
necessidade	exibição

2 Transforme verbos em substantivos, seguindo os exemplos:

colabora**r** – *colabora**ção***   agre**dir** – *agre**ssão***

utiliza**r** _____   progre**dir** _____

procria**r** _____   permi**tir** _____

diminui**r** _____   discu**tir** _____

aspira**r** _____   admi**tir** _____

respira**r** _____   repercu**tir** _____

ilumina**r** _____   demi**tir** _____

ORTOGRAFIA

3 Escreva de outro jeito, seguindo o exemplo:

> tornar-se maduro – *amadurecer*

tornar-se pobre: _____   tornar-se noite: _____

tornar-se duro: _____   tornar-se rico: _____

tornar-se surdo: _____   tornar-se manhã: _____

tornar-se velho: _____   tornar-se rijo: _____

tornar-se úmido: _____   tornar-se podre: _____

4 O professor vai falar algumas palavras. Anote no caderno somente aquelas que são escritas com *sc*.

5 Escreva nos parênteses por extenso o valor do recibo que Joaquim Pontes Neto deu para Antônio Lopes.

RECIBO

Recebi de Antônio Lopes a quantia de R$ 666,57 (_____
_____) provenientes dos serviços de pintura prestados em sua residência, situada na rua Oscar Ribeiro, 59, nesta cidade.

Caconde, 16 de março de 2006.

Joaquim Pontes Neto

6 Complete as palavras com as letras *ss*, *s* ou *ç*:

demi_____ão   tor_____ão   dimen_____ão

confi_____ão   rebuli_____o   extin_____ão

expul_____ão   terra_____o   distin_____ão

expan_____ão   aver_____ão   compreen_____ão

ca_____ula   intromi_____ão   exten_____ão

Grafia junta e grafia separada

Mais de uma palavra

- de repente
- por isso
- em cima
- por que (pergunta)
- às vezes
- a fim de (que)

Uma só palavra

Depressa	comigo
embaixo	também
acima	enfim
embora	então
devagar	porque (resposta)
anteontem	talvez

ATIVIDADES

1 Complete os espaços com as palavras *por isso* ou *de repente*.

a) Paula ficou doente, _____ faltou à aula.

b) A porta fechou-se _____, _____ a menina se assustou.

c) _____ a professora cruzou os braços e calou-se.

d) Você está fraco, _____ precisa alimentar-se bem.

2 Complete os espaços com as palavras *acima* ou *em cima*.

a) Isto está _____ de minhas possibilidades.

b) O livro está _____ da mesa.

356

ORTOGRAFIA

c) Ele ocupa um cargo .... do meu.

d) Ele ficou .... do guarda-roupa.

3 **Observe os desenhos:**

1

2

Responda:

a) No desenho 1, onde está a bola?

....

b) No desenho 2, onde está a bola?

....

4 **Invente frases com as palavras de cada item:**

a) depressa – comigo – de repente

....

....

....

b) às vezes – devagar – por isso

....

....

....

....

ORTOGRAFIA

5 Escolha cinco palavras do quadro seguinte:

> coragem – digerir – digestão – estrangeiro – falante – ferrugem
> garagem – geada – geleia – gêmeo – gengibre – gengiva – gerânio

Em uma folha à parte, pense e escreva uma pequena história em que essas palavras devam ser usadas. Mas, no lugar das palavras, deixe o espaço em branco.

Troque a sua folha com um colega. Cada um de vocês deverá preencher os espaços com as palavras do quadro.

6 Copie, de um jornal, revista ou livro, frases em que apareçam pelo menos cinco das palavras do quadro, escritas na mesma frase ou separado. Passe lápis de cor nas palavras.

7 Emprego do por que / por quê / porque

Compare:

a) **Por que** há tanta violência entre os homens?

b) Há tanta violência entre os homens, **por quê**?

c) Há tanta violência entre os homens **porque** não são respeitados os direitos de cada pessoa.

Emprega-se:
- **por que**: em frases interrogativas;
- **por quê**: no fim de frases interrogativas;
- **porque**: nas respostas. Pode ser substituído por **pois**.

 Responda às perguntas abaixo, empregando *porque*.

a) Por que você estuda?

_____

b) Por que as crianças fazem muitas perguntas?

_____

c) Por que ainda há guerra no mundo?

_____

359

ORTOGRAFIA

2 **Complete os espaços com *por que* ou *porque* convenientemente.**

a) _____ você está preocupado?

b) A leitura é importante, _____ nos permite conhecer o mundo.

c) _____ você não me telefonou?

d) Aceito sua sugestão, _____ me parece a mais ponderada.

e) _____ todos devem concordar com você?

3 **Transforme as frases afirmativas em interrogativas. Use as duas possibilidades:**
***por que* e *por quê*.**

a) Ela ficou triste.

_____

_____

b) É importante saber se comunicar.

_____

_____

c) Ainda há guerra no mundo.

_____

_____

4 **Sublinhe a palavra que completa corretamente a frase.**

a) (Por que/Por quê) você não me telefonou?

b) Os homens vivem brigando (porque/por quê)?

c) A leitura é importante, (porque/por que) nos permite conhecer o mundo.

d) (Por que/Por quê/Porque) todos devem concordar com você?

e) Aceito sua sugestão, (por que/porque) me parece a mais certa.

5 **Você já leu ou já assistiu a uma entrevista?**

**Numa entrevista, uma pessoa faz perguntas e outra responde. Observe as fotos,
imagine e escreva pelo menos uma pergunta que cada entrevistador poderia
fazer e a resposta do entrevistado.**

Use *por que* ou *porque* adequadamente.

ORTOGRAFIA

 6 Sente-se com um colega.

Em uma folha à parte, pensem e escrevam um pequeno diálogo em que deva ser usado *por que*, *por quê* e *porque* (pelo menos duas vezes cada uma dessas formas).

No lugar dessas palavras, deixem o espaço em branco.

Troquem a folha de vocês com outra dupla da classe. Completem os espaços em branco com as formas adequadas. Depois, reúnam-se e confiram as respostas. Corrijam o que for necessário.

8 Grafia de palavras terminadas por -em

Viagem/viajem

a) A **viagem** foi transferida.
b) É preciso que eles **viajem**.

a/uma **viagem** → substantivo

eles **viajem** → verbo

EU SOU MAIS NOBRE. SOU UM SUBSTANTIVO. ESTOU ACOMPANHADO DE MEU MELHOR AMIGO: O ARTIGO.

a via **G** em

EU SOU MAIS AÇÃO. VIVO NO TEMPO. ELES E ELAS ME ACOMPANHAM. SOU UM VERBO.

eles via **J** em

Verbos com terminações -em/-êm/-eem

Alguns verbos mudam a acentuação de acordo com o sujeito. Veja:

	Ter	Vir	Ver	Crer	Dar	Ler
ele	tem	vem	vê	crê	dê	lê
eles	têm	vêm	veem	creem	deem	leem

362

ORTOGRAFIA

O jovem   **tem**   direitos.   **Os jovens**   **têm**   direitos.
Ele   **tem**   direitos.   **Eles**   **têm**   direitos.

↓   ↓

sujeito singular   sujeito plural

ATIVIDADES

1 **Copie as frases, completando os espaços com *viagem* ou *viajem*.**

a) Não quero que eles...

b) ... foi cansativa.

c) Que... gostosa!

d) Talvez eles... amanhã bem cedo.

2 **Complete os espaços com *tem* ou *têm*, *vem* ou *vêm*.**

a) Ele _____ razão.

b) Eles _____ muitos imóveis.

c) Vocês _____ compromissos urgentes?

d) O conjunto _____ dois elementos.

e) O homem _____ ao mundo sem saber o motivo.

f) Os trabalhadores _____ exigindo melhores salários.

g) Gustavo e Mariane _____ do Sul.

h) O livro dos alunos _____ sem nenhuma resposta.

ORTOGRAFIA

3 **Imagine que você é funcionário de uma agência de publicidade. O diretor solicita que você faça um folheto de propaganda com os seguintes dados:**

Assunto: Viagem a uma ilha misteriosa.

Objetivo: Conhecer e explorar os encantos de uma ilha misteriosa.

Público: Jovens.

Texto: No texto de propaganda devem ocorrer as seguintes palavras: *viagem/viajem, tem/têm, vem/vêm*.

364

Grafia de traz/atrás, mal/mau, mais/mas

Traz/atrás

Observe:

a) A menina **traz** uma rosa para a professora.
b) Andem um **atrás** do outro.

Mal/mau

Mal pode ser:
- substantivo:
  O **mal** da sociedade é a falta de união.
- advérbio:
  Fala bem, mas escreve **mal**.

Mau é adjetivo:
Ele chegou de **mau** humor.

> **Regra prática** – Emprega-se:
> - **mal** em oposição a **bem**;
> - **mau** em oposição a **bom**.

ORTOGRAFIA

Mais / mas

Compare as palavras em destaque:

O mundo precisa de **mais** amor.

Os operários exigiam aumento, **mas** não foram atendidos.

- **Mais** indica intensidade. É um advérbio.
- **Mas** indica ideia contrária. Pode ser substituído por **porém**.

1 Reescreva as frases, substituindo as palavras em destaque pelos seus antônimos *traz* ou *atrás*.

a) O ônibus **leva** os passageiros para o trabalho.

b) Ele **leva** o livro para a escola.

c) Ficou parado **em frente ao** gol.

d) Os alunos permaneceram **em frente ao** professor.

e) O carro parou **em frente ao** colégio.

f) A carroça **leva** os mantimentos.

g) Caminhem um **na frente** do outro.

ORTOGRAFIA

2 Copie as frases, substituindo as palavras em destaque pelos seus antônimos *mal* ou *mau*.

a) Ele chegou de **bom** humor.

b) Para os índios, Anhangá é um espírito **bom**.

c) A velhinha ouvia muito **bem**.

d) Roberto foi **bem** nos exames.

e) Você ainda vai se dar **bem**.

f) Ele não é um sujeito tão **bom** assim.

g) Os vereadores procederam **bem**.

3 Complete os espaços com *mais* ou *mas*.

a) Fale .... alto, pois ele é meio surdo.

b) Chegue .... perto, ... fale baixo, por favor.

c) O caderno custou .... caro do que eu imaginava.

d) Estudei, ... não entendi a matéria.

e) Eu respeito os seus direitos, ... você também deve respeitar os meus.

4 Escreva uma legenda para cada ilustração. Nas frases que você construir devem aparecer estas palavras:

- traz ou atrás
- mais ou mas

367

ORTOGRAFIA

ORTOGRAFIA

Abreviaturas, símbolos e siglas

Abreviatura é a escrita reduzida de uma palavra.

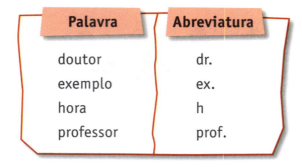

Palavra	Abreviatura
doutor	dr.
exemplo	ex.
hora	h
professor	prof.

Para se abreviar uma palavra, usam-se geralmente dois recursos:

1) as letras finais da palavra são substituídas por ponto:

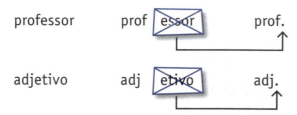

2) coloca(m)-se depois do ponto de abreviatura a(s) última(s) letra(s) da palavra:

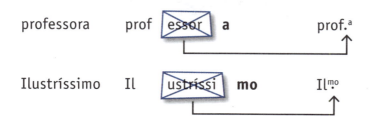

370

ORTOGRAFIA

> **Sigla** é uma forma abreviada de se escrever várias palavras, juntando-se as letras iniciais.

	Sigla
Força **A**érea **B**rasileira	FAB
São **P**aulo	SP
Empresa **B**rasileira de **T**elecomunicações	Embratel

Símbolos

Símbolos científicos são escritos sem ponto final.

hora(s)	⟶	h
metro(s)	⟶	m
minuto(s)	⟶	min
grama	⟶	g
quilômetro	⟶	km
volt	⟶	v
tonelada	⟶	t

Observação Veja as formas corretas para se indicar as horas:
dez horas – 10h ou 10h00
dez horas e vinte minutos – 10h20min ou 10h20

371

ORTOGRAFIA

Abreviaturas – Símbolos – Siglas

AC	Acre
AL	Alagoas
AM	Amazonas
apart. ou ap.	apartamento
AP	Amapá
Av.	Avenida
BA	Bahia
CE	Ceará
CEP	Código de Endereçamento Postal
Cia.	Companhia
cm	centímetro
cx.	caixa
DF	Distrito Federal
dm	decímetro(s)
dr.	doutor
dr.ª	doutora
dz	dúzia
ed.	edifício
ES	Espírito Santo
etc.	*et cetera* (e outras coisas, em latim)
EUA	Estados Unidos
Ex.mo	Excelentíssimo
FAB	Força Aérea Brasileira
fl.	folha
fls.	folhas
Funai	Fundação Nacional do Índio
g	grama(s)
GO	Goiás
h	hora(s)
ha	hectare
hab.	habitante

ORTOGRAFIA

Abreviaturas – Símbolos – Siglas

i.e.	isto é
Il.mo	Ilustríssimo
kg	quilograma(s)
km	quilômetro(s)
km/h	quilômetro(s) por hora
L	litro
Ltda.	Limitada
m	metro(s)
min	minuto(s)
MA	Maranhão
MEC	Ministério da Educação
MG	Minas Gerais
MM.	meritíssimo
MS	Mato Grosso do Sul
MT	Mato Grosso
N	Norte
NE	Nordeste
NO	Noroeste
nº ou núm.	número
p. ou pág.	página
pp. ou págs.	páginas
PA	Pará
PB	Paraíba
PE	Pernambuco
Pe. ou P.	padre
pg.	pago
PI	Piauí
pl.	plural
PR	Paraná
prof.	professor
prof.a	professora
R.	rua; rei; réu; reprovado

ORTOGRAFIA

Abreviaturas – Símbolos – Siglas

Rem.te	remetente	sr.ª	senhora
Rev.mo	Reverendíssimo	sr.ta	senhorita
RJ	Rio de Janeiro	tb.	também
RN	Rio Grande do Norte	tel.	telefone
RO	Rondônia	TO	Tocantins
RR	Roraima	TV	televisão
RS	Rio Grande do Sul	v.	você
S.	São, Santo, Sul	V.Ex.ª	Vossa Excelência
SC	Santa Catarina	vol.	volume
SE	Sergipe	V.S.ª	Vossa Senhoria
SP	São Paulo	V.S.as	Vossas Senhorias

ATIVIDADES

1 **Desenvolva as seguintes abreviaturas:**

n⁰ .... tb. ....

dz .... i.e. ....

2 **Escreva a abreviatura das seguintes palavras:**

professor .... Ilustríssimo ....

professora .... Vossa Senhoria ....

senhor .... avenida ....

senhora .... pago ....

ORTOGRAFIA

3 **Pesquise e responda o que significam as siglas abaixo:**

MEC

Embratel

ONU

Funai

FAB

UNE

4 **Escreva as horas de forma abreviada.**

a) nove horas

b) doze horas

c) cinco horas e trinta minutos

d) vinte horas e quarenta e cinco minutos

5 **Procure, em um jornal, pelo menos cinco siglas e descubra o significado delas. Escreva as siglas e o seu significado no caderno.**

A classe toda, depois, poderá reunir todas as siglas em uma cartolina ou outro papel. Cada um anota as siglas e seu significado. Não escrevam siglas repetidas.

6 **Nos verbetes de dicionário, é muito comum o uso de abreviaturas. Identifique as abreviaturas usadas nos verbetes a seguir e procure descobrir o significado delas.**

fumaça.

FULMINANTE FUL.MI.NAN.TE **Adj 1** avassalador; fatal **2** que sobrevém súbita e rapidamente.

FUMAÇA FU.MA.ÇA **Sf 1** gás produzido pela combustão, misturado com partículas sólidas; fumo **2** fuligem.

FUMAR FU.MAR **Vi** aspirar fumo ou tabaco.

FUMO FU.MO **Sm 1** produto gasoso de matéria em combustão: fumaça **2** tabaco para fumar.

FUNÇÃO FUN.ÇÃO **Sf 1** cargo; serviço; ofício **2** funcionamento próprio ou natural dum órgão, aparelho ou máquina.

FUNCIONAL FUN.CI.O.NAL **Adj 1** relativo a funções vitais **2** relativo a função pública **3** prático.

FUNCIONAR FUN.CI.O.NAR **Vi 1** exercer uma atividade; trabalhar **2** entrar em movimento **3** ter boa atuação; ter êxito.

FUNCIONÁRIO FUN.CI.O.NÁ.RIO **Sm** quem tem emprego remunerado; empregado.

FUNDAÇÃO FUN.DA.ÇÃO **Sf 1** parte que dá sustentação a um edifício; alicerce; base **2** entidade instituída ... supremo ou por doação privada, des-

375

ORTOGRAFIA

7 Refaça os cartazes, escrevendo as horas de forma abreviada.

A próxima sessão de cinema deve começar às vinte horas e trinta minutos.

HORÁRIO DAS AULAS DE REPOSIÇÃO

LÍNGUA PORTUGUESA:
DAS OITO HORAS ÀS NOVE HORAS E CINQUENTA MINUTOS.

MATEMÁTICA:
DAS DEZ HORAS E DEZ MINUTOS ÀS ONZE HORAS E QUINZE MINUTOS.

CIÊNCIAS:
DAS ONZE HORAS ÀS DOZE HORAS.

376

Dicionário gramatical

ATENÇÃO! A abreviatura (v.) que você encontra depois de algumas palavras significa (**ver**). Isso quer dizer: "**Veja** a explicação desta palavra neste **Dicionário gramatical**".

Acento – Sinal gráfico usado na língua escrita para indicar a *sílaba tônica* (v.).

Acento agudo – Sinal gráfico (´) que indica a *sílaba tônica* (v.) **aberta**. Ex.: ca**fé**, vo**vó**, tro**féu**.

Acento circunflexo – Sinal gráfico (^) que indica a *sílaba tônica* (v.) **fechada**. Ex.: vo**cê**, vo**vô**, **cô**modo, fe**nô**meno.

Adjetivo – Classe gramatical que indica característica. O adjetivo refere-se geralmente a um substantivo. Ex.: menino **magro**, **esperto** e **inteligente**; rua **sossegada**, **estreita** e **limpa**.

Adjetivo uniforme – Adjetivo que apresenta uma só forma para o masculino e para o feminino. Ex.: homem **simples** (masculino), mulher **simples** (feminino).

Advérbio – Classe gramatical que comunica uma circunstância. O advérbio refere-se geralmente ao verbo. Classifica-se o advérbio como: 1. **afirmação:** sim, certamente...; 2. **dúvida:** acaso, porventura, talvez...; 3. **intensidade:** muito, pouco, mais...; 4. **lugar:** abaixo, atrás, longe...; 5. **modo:** assim, depressa, levemente...; 6. **negação:** não; 7. **tempo:** ontem, hoje, agora...

Alfabeto – Conjunto das letras existentes na língua portuguesa. São vinte e seis letras do alfabeto: **a**, **b**, **c**, **d**, **e**, **f**, **g**, **h**, **i**, **j**, **k**, **l**, **m**, **n**, **o**, **p**, **q**, **r**, **s**, **t**, **u**, **v**, **w**, **x**, **y**, **z**.

DICIONÁRIO GRAMATICAL

Artigo – Classe gramatical que se refere ao substantivo, determinando-o ou indeterminando-o. O artigo varia em gênero (masculino ou feminino) e número (singular ou plural). Classifica-se o artigo em: a) definido: **o**, **a**, **os**, **as**; b) indefinido: **um**, **uma**, **uns**, **umas**.

Átona – Sílaba pronunciada com pouca força ou intensidade. Ex.: mé-**di-co**, ca-ne-**ta**, **pa**-pel. Retirando-se a *sílaba tônica* (v.) de uma palavra, as demais sílabas são átonas.

Cedilha – Sinal gráfico colocado embaixo do **c**. Emprega-se o **ç** quando for pronunciado com o som de /s/ inicial e for seguido das vogais **a**, **o** ou **u**. Ex.: ca**ç**a, do**ç**ura, esque**ç**o.

Coletivo – Substantivo que tem uma forma singular, mas indica um conjunto de elementos. Ex.: time, enxame, boiada.

Combinação – É a união da preposição com o artigo. Ex.: **do** (**de** preposição + **o** artigo). Principais combinações: no/na/nos/nas; do/da/dos/das; pelo/pela/pelos/pelas; ao/aos.

Comum de dois gêneros – Substantivo que apresenta uma só forma para o masculino e para o feminino. Distingue-se o masculino do feminino pelo artigo. Ex.: **o** cliente/**a** cliente, **o** jornalista/**a** jornalista.

Conjugação – É a mudança da terminação do verbo para indicar modo, tempo, pessoa e número. De acordo com a terminação do *infinitivo* (v.), o verbo possui três conjugações: 1ª conjugação – o infinitivo termina em **-ar**: falar, cantar, pular; 2ª conjugação – o infinitivo termina em **-er**: vender, viver, bater; 3ª conjugação – o infinitivo termina em **-ir**: partir, sorrir, dividir.

Crase – Fusão da preposição **a** com o artigo definido feminino **a** ou **as**. Na língua escrita indica-se a crase por meio do acento grave (`). Ex.: Ela assistia **à** aula. Nós fomos **à** praia. Eles obedecem **à** lei.

Dígrafo – Reunião de duas letras representando um único fonema. Ex.: fi**ch**a, ca**rr**o, pá**ss**aro.

378 DICIONÁRIO GRAMATICAL

DICIONÁRIO GRAMATICAL

Dissílaba – Palavra formada de duas sílabas. Ex.: ca-sa, bran-co, lei-te.

Ditongo – Encontro de vogal + semivogal ou de semivogal + vogal numa mesma sílaba. Ex.: b**oi**, c**éu**, ág**ua**, histór**ia**.

Encontro consonantal – Reunião de duas ou mais consoantes seguidas, numa mesma palavra. O encontro consonantal pode aparecer: a) numa mesma sílaba. Ex.: **cr**i-an-ça, **pr**a-to, **gr**an-de; b) em sílabas separadas. Ex.: té**c**-**n**i-co, di**g**-**n**o, a**d**-**v**o-ga-do.

Entonação – Elevação ou abaixamento da voz, de acordo com o que se quer expressar.

Epiceno – Substantivo que se refere a animais e apresenta um só gênero para indicar o sexo dos animais. Ex.: a onça, o tatu. Para se indicar o sexo, pode-se acrescentar ao substantivo as palavras **macho** ou **fêmea**. Ex.: a onça macho, a onça fêmea.

Fonema – Som da língua falada. Na língua portuguesa, há três tipos de fonemas: vogal, consoante e *semivogal* (v.).

Frase – Qualquer conjunto organizado de palavras que transmite uma comunicação. A frase pode ser formada de uma, duas ou várias palavras. Ex.: a) Silêncio!; b) Boa-noite!; c) Para viver, o homem depende da natureza.

Frase declarativa – *Frase* (v.) que comunica uma afirmação a respeito de alguém ou de alguma coisa. Essa afirmação pode ser **positiva** (Ex.: Ele saiu de casa.) ou **negativa** (Ex.: Ele não saiu de casa.).

Frase exclamativa – *Frase* (v.) que comunica um sentimento de alegria, dor, prazer, raiva, tristeza. Ex.: Que espetáculo chocante! Que dia fantástico!

Frase imperativa – *Frase* (v.) que comunica uma ordem ou um pedido. Ex.: Venha cedo, por favor.

Frase interrogativa – *Frase* (v.) que comunica uma pergunta, uma interrogação. Ex.: Onde você esteve ontem?

DICIONÁRIO GRAMATICAL

Futuro do presente – Tempo verbal que indica um fato no futuro a partir de um momento presente.
Ex.: Eu **viajarei** amanhã.

Futuro do pretérito – Tempo verbal que indica um fato no futuro a partir de um momento passado.
Ex.: Eu **viajaria** ontem, se tivesse tempo.

Gênero – Característica da língua que permite classificar as palavras em masculinas e femininas. Há, na língua portuguesa, dois gêneros: masculino e feminino. Para se saber se uma palavra é masculina ou feminina, antepõe-se o artigo **a** ou **o**.

Grau – Característica da língua que indica uma relação de qualidade entre os seres. Há duas classes gramaticais que possuem variação de grau: substantivo e adjetivo.

Grau do adjetivo – Compara uma qualidade de um ser em relação a outro (= grau comparativo) ou expressa uma qualidade em seu grau intenso (= grau superlativo).

Grau aumentativo – Exprime o aumento do ser em relação a seu tamanho natural. O grau aumentativo pode apresentar-se na forma analítica ou na forma sintética. Forma analítica: forma-se com o auxílio de adjetivos (grande, enorme, imenso). Ex.: livro **grande**, casa **grande**, carro **enorme**. Forma sintética: forma-se com o auxílio de terminações. Ex.: cas**arão**, vidr**aça**, mur**alha**.

Grau comparativo – Relaciona a qualidade de um ser em relação a outro. Um ser pode possuir, em relação a outro ser, uma qualidade em grau superior, igual ou inferior. Se for em grau superior, chama-se comparativo de **superioridade**. Ex.: Paulo é **mais** gordo **do que** Renato. Se for em grau igual, chama-se comparativo de **igualdade**. Ex.: Paulo é **tão** gordo **quanto** Carlos. Se for em grau inferior, chama-se comparativo de **inferioridade**. Ex.: Renato é **menos** gordo **que** Paulo.

Grau diminutivo – Exprime a diminuição do ser em relação ao seu tamanho natural. O grau diminutivo pode apresentar-se na forma analítica ou na forma sintética. Forma analítica: forma-se com o auxílio de adjetivos (pequeno, reduzido, minúsculo). Ex.: livro **pequeno**, caroço **minúsculo**. Forma sintética: forma-se com o auxílio de terminações. Ex.: livr**inho**, sal**eta**, burr**ico**.

Grau do substantivo – Indica a variação de tamanho dos seres. O substantivo possui dois graus: aumentativo e diminutivo. Ex.: casarão (aumentativo), casinha (diminutivo).

Grau superlativo – Expressa uma qualidade em seu grau intenso, sem qualquer comparação com outro ser. O grau superlativo pode apresentar-se de duas formas: 1.ª) absoluto sintético – formado de uma só palavra geralmente acrescida da terminação **-íssimo**. Ex.: Esta menina é inteligent**íssima**; 2.ª) absoluto analítico – formado com duas palavras: advérbio de intensidade ("muito") e adjetivo. Ex.: Esta menina é **muito** inteligente.

Hiato – Encontro de vogal + vogal em sílabas diferentes. Ex.: s**a**-**ú**-de, v**i**-**ú**-vo, v**o**-o, b**a**-**ú**.

Imperativo – É um dos modos do verbo. O modo imperativo comunica **ordem**, **pedido**. Ex.: Carlos, **marque** o gol.

Indicativo – É um dos modos do verbo. O modo indicativo comunica **certeza**. Ex.: Carlos **marcou** o gol.

Infinitivo – É a forma do verbo que não possui variações de modo, tempo, pessoa e número. Ex.: fal**ar**, cant**ar**, viv**er**, sorr**ir**.

Interjeição – Classe de palavra que comunica sentimentos ou emoções. Ex.: ah! ui! olá! silêncio! chi! As interjeições vêm normalmente seguidas de ponto de exclamação.

Intransitivo – Verbo que comunica uma ação que acontece no sujeito, isto é, **não passa** (não transita) do sujeito para um objeto. Ex.: A menina **chorava**. O verbo intransitivo apresenta três características: a) a ação acontece no sujeito; b) tem sentido completo; c) não exige objeto.

DICIONÁRIO GRAMATICAL

Letra – Sinal gráfico da língua escrita que representa o *fonema* (v.).

Modo do verbo – Comunica **como** acontece um fato. São três os modos do verbo: *indicativo* (v.), *subjuntivo* (v.), *imperativo* (v.).

Monossílaba – Palavra formada de uma só sílaba. Ex.: m**a**u, p**é**, qu**a**is.

Monossílabo átono – Palavra de uma só sílaba pronunciada fracamente. Ex.: o, de, por, me, te, da, mas.

Monossílabo tônico – Palavra de uma só sílaba pronunciada fortemente. Ex.: pá, dó, si, dá, dê, sol, mim.

Núcleo – A palavra que contém a informação principal. Ex.: A música popular enriquece a cultura brasileira. Nessa frase, o sujeito, "a música popular", tem um núcleo: "música".

Numeral – Classe gramatical que indica quantidade, ordem, multiplicação ou fração. De acordo com essas significações, o numeral classifica-se como: a) **cardinal** – indica quantidade. Ex.: um, dois, três, dez, vinte...; b) **ordinal** – indica ordem. Ex.: primeiro, segundo, terceiro...; c) **multiplicativo** – indica multiplicação. Ex.: duplo, triplo, quádruplo...; d) **fracionário** – indica divisão, fração. Ex.: meio, um sexto, um décimo...

Número – Característica da língua que indica um só elemento (singular) ou vários elementos (plural).

Objeto – Aquele que recebe a ação do sujeito. Completa o sentido de um verbo *transitivo*. (v.). Ex.: O menino quebrou **o copo**.

DICIONÁRIO GRAMATICAL

Ordem alfabética – Colocar as palavras na mesma sequência em que estão ordenadas as letras do *alfabeto* (v.). Ex.: **a**licate, **b**ola, **c**idade...

Oxítona – Uma palavra é classificada como oxítona quando a *sílaba tônica* (v.) for a **última**. Ex.: ca-**ju**, ju-ri-**ti**, fe-**liz**, do-mi-**nó**.

Paroxítona – Refere-se à classificação da palavra quanto à posição da *sílaba tônica* (v.). Uma palavra é classificada como paroxítona quando a sílaba tônica for a **penúltima**. Ex.: ca-**ne**-ta, fe-li-ci-**da**-de, au-to-**mó**-vel.

Pessoa gramatical – É a pessoa que participa do ato de comunicação. São três as pessoas gramaticais: **1ª pessoa** – aquela que envia a comunicação. Ex.: eu, nós, meu, nosso...; **2ª pessoa** – aquela que recebe a comunicação. Ex.: tu, vós, teu, vosso...; **3ª pessoa** – aquela de que trata a comunicação. Ex.: ele, ela, eles, elas...

Polissílaba – Palavra formada de quatro ou mais sílabas. Ex.: re-pú-bli-ca, o-tor-ri-no-la-rin-go-lo-gis-ta.

Predicado – É uma parte importante da frase. O predicado constitui a **informação**, isto é, o que se diz a respeito do *sujeito* (v.). Ex.: Aquela criança **está com fome**. Numa frase, retirando-se o sujeito, as demais palavras pertencem ao predicado. Em todo predicado deve haver sempre um verbo. Ex.: A abelhinha **alisou** os pelinhos do corpo.

Predicado nominal – Informa qualidade ou estado do sujeito. Ex.: Muitas famílias **ficaram desabrigadas**. A palavra mais importante do predicado nominal é o nome "desabrigadas". O predicado nominal é constituído de duas partes básicas: *verbo de ligação* (v.) e *predicativo do sujeito* (v.).

Predicado verbal – Informa ação do sujeito. Ex.: O coelho **comeu o capim**. A palavra mais importante do predicado verbal é o verbo "comeu". O predicado verbal é constituído de um verbo *transitivo* (v.) ou de um verbo *intransitivo* (v.).

Predicativo do sujeito – Palavra que se refere ao sujeito, indicando **qualidade** ou **estado**. Ex.: Os agricultores estavam **insatisfeitos**.

Preposição – Classe gramatical que estabelece uma ligação entre duas palavras. Pertencem à classe das preposições as seguintes palavras: a, ante,

DICIONÁRIO GRAMATICAL

após, até, com, contra, de, desde, em, entre, para, perante, por, sem, sob, sobre, trás.

Pretérito – Tempo verbal que comunica um fato acontecido no **passado**. O tempo pretérito divide-se em: a) **pretérito perfeito**: indica um fato passado que foi totalmente terminado. Ex.: Ele **fechou** a janela; b) **pretérito imperfeito**: indica um fato passado, mas que ainda não foi terminado. Ex.: **Chovia** muito quando o menino fechou a janela; c) **pretérito mais-que-perfeito:** indica um fato que aconteceu antes de outro fato passado. Por isso ele é mais que passado. Ex.: Chovia muito quando o menino fechou a janela que se **abrira**.

Pronome – Classe gramatical que substitui o substantivo e indica a *pessoa* gramatical (v.) que participa do ato de comunicação. Ex.: **Ele** trabalha na indústria. Classifica-se o pronome como pessoal, de tratamento, possessivo, demonstrativo, indefinido e interrogativo.

Pronome demonstrativo – Indica (aponta) algo em relação ao lugar (**este** livro; **esse** livro; **aquele** livro), quanto à pessoa que fala e ao tempo (**este** dia – presente; **esse** dia – passado; **aquele** dia – passado distante).

Pronome indefinido – Refere-se ao substantivo, dando-lhe uma ideia vaga, imprecisa, indefinida. Principais pronomes indefinidos: algum, nenhum, todo, qualquer, pouco, certo, alguém, ninguém, tudo, vários, nada.

Pronome interrogativo – Emprega-se para formar *frases interrogativas* (v.). Ex.: **Quem** falou isso? Principais pronomes interrogativos: quem, que, qual, quanto.

Pronome pessoal – Substitui as três *pessoas gramaticais* (v.), que participam do ato de comunicação. Classifica-se o pronome como pessoal **reto** (eu, tu, ele/ela, nós, vós, eles/elas) e pessoal **oblíquo** (me, mim, comigo; te, ti, contigo; se, si, consigo, o, a, lhe; nos, conosco; vos, convosco; se, si, os, as, lhes, consigo).

Pronome possessivo – Comunica uma ideia de posse relacionada a uma das três pessoas gramaticais. Ex.: **meu** livro, **tua** obrigação, **seu** compromisso. O pronome possessivo varia em gênero (meu/minha; teu/tua; seu/sua; nosso/nossa; vosso/vossa), número (meu/meus; nosso/nossos) e pessoa (meu, teu, seu, nosso, vosso, seu).

Pronome de tratamento – Pronome usado para: a) expressar um tratamento familiar ou respeitoso com a pessoa com quem se conversa; b) indicar o cargo ou a função dessas pessoas. Principais pronomes de tratamento: você (para pessoas familiares), senhor/senhora (para pessoas de respeito), Vossa Senhoria (tratamento cerimonioso, principalmente em cartas comerciais),

DICIONÁRIO GRAMATICAL

Vossa Excelência (altas autoridades), Vossa Alteza (príncipes e duques), Vossa Santidade (papa).

Proparoxítona – Uma palavra é classificada como proparoxítona quando a sílaba tônica for a **antepenúltima**. Ex.: **mé**-di-co, re-**pú**-bli-ca.

Radical – Parte da palavra que não muda. Ex.: **fal**o, **fal**as, **fal**a, **fal**amos, **fal**ais, **fal**am; **ferr**o, **ferr**eiro, **ferr**ugem, **ferr**agem, **ferr**adura.

Semivogal – O fonema /**i**/ ou /**u**/ pronunciado junto de uma vogal. Ex.: pa**i**, ma**u**.

Sílaba – Menor conjunto sonoro. A vogal constitui a base da sílaba. Nesse sentido, em cada sílaba deve haver sempre uma vogal. Pode-se, portanto, afirmar que há numa palavra tantas sílabas quantas forem as vogais. Ex.: c**i**-d**a**-d**e**, tr**a**ns-p**o**r-t**e**.

Sobrecomum – Substantivo que se refere a pessoas e apresenta um só gênero para indicar o sexo masculino e o feminino. Ex.: a criança, o indivíduo.

Subjuntivo – É um dos *modos do verbo* (v.). O modo subjuntivo comunica **possibilidade**. Ex.: Se Carlos **marcasse** um gol...

Substantivo – Classe gramatical que indica o nome de objeto, pessoa, lugar ou animal. Ex.: mesa, menino, Brasil, pássaro.

Substantivo abstrato – Substantivo que indica ação, estado ou qualidade. Ex.: admiração, tranquilidade, beleza. O substantivo abstrato deriva, geralmente, de adjetivos ("tranquilidade" de "tranquilo") ou de verbos ("admiração" de "admirar").

Substantivo composto – Substantivo formado por mais de uma palavra. Ex.: couve-flor, guarda-chuva.

Substantivo comum – O substantivo que indica um conjunto de elementos com características comuns. Ex.: menino, livro, cachorro, cidade.

DICIONÁRIO GRAMATICAL

Substantivo concreto – Substantivo que indica pessoa, animal, objeto ou lugar. Ex.: menino, gato, mesa, campo, Deus, sereia, saci-pererê.

Substantivo derivado – Substantivo que vem de outra palavra da língua. Ex.: ferrugem, terreiro, letreiro.

Substantivo primitivo – Substantivo que não vem de nenhuma outra palavra da língua. Ex.: ferro, terra, letra.

Substantivo próprio – Substantivo que indica apenas um elemento do conjunto. Ex.: Paulo, Rio de Janeiro, Brasil, Márcia. Os substantivos próprios escrevem-se com letra inicial maiúscula.

Substantivo simples – Substantivo formado por uma só palavra. Ex.: flor, couve, chuva.

Substantivo uniforme – Substantivo que apresenta uma única forma para o masculino e para o feminino. Ex.: o artista/ a artista, a pessoa, a onça. Os substantivos uniformes classificam-se como: *comum de dois gêneros* (v.), *sobrecomum* (v.), *epiceno* (v.).

Sujeito – É uma parte importante da frase. O sujeito constitui o **tema**, isto é, o assunto sobre o qual se fala. Ex.: **Aquela criança** está com fome. O sujeito pode ser representado por duas classes de palavras: 1ª) substantivo: A **menina** abriu os olhos, 2ª) pronome: **Ela** abriu os olhos.

Sujeito composto – É aquele constituído de mais de um núcleo. Ex.: O **rádio** e a **televisão** são meios de comunicação de massa.

Sujeito oculto – Não aparece na frase, mas pode ser identificado pela terminação verbal. Ex.: Ouvi**mos** um ruído estranho. Nessa frase, o sujeito não aparece, mas é possível identificá-lo pela terminação do verbo: **nós**.

Sujeito simples – É aquele constituído de um só núcleo. Ex.: Aquele **filme** deixou-me amedrontado.

Tempo verbal – Indica **quando** acontece um fato. São três os tempos verbais básicos: a) presente. Ex.: Ele desenha uma ilha. b) passado. Ex.: Ele desenhou uma ilha. c) futuro. Ex.: Ele desenhará uma ilha.

Terminação – Parte da palavra que é variável. A terminação pode ser nominal ou verbal. A terminação nominal indica gênero, número e grau. Ex.: menin**o**, menina; meninos, meninas; menininho, meninão. A terminação verbal indica tempo, modo, pessoa, número. Ex.: falava, falavas, falava, falávamos, faláveis, falavam.

Til – Sinal gráfico (~) que se usa sobre as vogais **a** e **o** quando forem pronunciadas com som nasal. Ex.: p**ã**o, p**õ**e, c**ã**ibra.

Tônica – Sílaba pronunciada com maior força ou intensidade. Ex.: **mé**-di-co, ca**ne**-ta, pa-**pel**. Numa palavra, há apenas uma sílaba tônica. Em algumas palavras da língua escrita, indica-se a sílaba tônica por meio de *acento* gráfico (v.)

Transitivo – Verbo que comunica uma ação que passa (transita) do sujeito para um objeto. Ex.: O menino **quebrou** o copo. O verbo transitivo apresenta, portanto, três características: a) a ação acontece no objeto; b) não tem sentido completo; c) exige objeto.

Trema – Sinal gráfico (¨) colocado sobre a vogal **u** nos nomes próprios estrangeiros ou nas palavras derivadas desses nomes. Ex.: Gisele Bündchen.

Trissílaba – Palavra formada de três sílabas. Ex.: ci-da-de, pos-sí-vel.

Tritongo – Encontro de semivogal + vogal + semivogal numa mesma sílaba. Ex.: q**uai**s, Urug**uai**, enxag**uou**.

Verbo – Classe gramatical que comunica ação, estado ou fenômeno da natureza. Ex.: Ele **trabalha** muito. Ele **ficou** revoltado. **Choveu** muito neste verão.

Verbo de ligação – Liga o sujeito a seu estado ou qualidade. Ex.: Os trabalhadores **estão** unidos. Principais verbos de ligação: ser, estar, parecer, permanecer, ficar, continuar, tornar-se.

Bibliografia

Águas sujas. In: *Ciência Hoje das Crianças*, nº 77.

Conversa. *A televisão da bicharada*. Sidónio Muralha. São Paulo: Global, 2000.

A cobra. *Cada bicho seu capricho*. Marina Colasanti. São Paulo: Global, 2000.

Chuva choveu. *Chuva choveu*. Maria da Graça Rios. Belo Horizonte: Miguilim, 2000.

A humanidade é o... *Noções de coisas*. Darcy Ribeiro. São Paulo: FTD, 1995.

Era uma vez... *Lá vem história outra vez*. Heloísa Prieto. São Paulo: Companhia das Letrinhas, 1997.

A mandioca. *Um tico-tico no fubá – sabores da nossa história*. Dona Benta – comer bem. Gisela Tomanik Berland. São Paulo: Companhia Editora Nacional, 2005.

Revista Tico-tico. In: *Folha de S.Paulo*. 03/09/2005.

Encontro de vozes em São Paulo. In: *Folha de S.Paulo*. 22/05/2004.

O colar de Carolina... *Diário do outro*. Ronal Claver. 7. edição. São Paulo: Atual, 1989.

Vicente era um menino pobre... *O cavalinho azul*. Maria Clara Machado. São Paulo: Companhia das Letrinhas, 2001.

O astrônomo. *Artes e ofícios – com falas poéticas*. Roseana Murray. São Paulo: FTD, 1996.

Violeta e roxo. *Violeta e roxo*. Eva Furnari. São Paulo: FTD, 1984.

O aparecimento da Internet... *A Internet em pequenos passos*. Michele Mira Pons. São Paulo: Companhia Editora Nacional, 2005.

Meio branco, meio ruivo... *História vira-lata*. Sylvia Orthof. Curitiba: Braga, 1997.

Felicidade. Lupicínio Rodrigues. *Coisas minhas: Lupicínio Rodrigues 90 Anos (duplo)*, Sony e BMG, 2004.

A banda. Chico Buarque de Holanda. *Minha história: O melhor de Chico Buarque*. Universal Music, 2002.

Nasci num bosque... *Balão azul*. Marilene Godinho. Belo Horizonte: Comunicação, 1978.

BIBLIOGRAFIA

Ele e ela. Hermínio Sargentim.

Os três conselhos. *O baú da memória*. Silvio Romero. Série Lazuli. São Paulo: Companhia Editora Nacional, 2004.

Tatu. *O livro do trava-língua*. Ciça. São Paulo: Nova Fronteira, 1986.

Xadrez. *A televisão da bicharada*. Sidónio Muralha. São Paulo: Global, 2000.

Quando a irmãzinha de Troca-Bolas... *Trocando as bolas*. Pedro Bandeira. São Paulo: Melhoramentos, 1985.

O lobo e a menina. *O lobo e o carneiro no sonho da menina*. Marina Colasanti. São Paulo: Nova Fronteira, 1985.

A estrelinha. *A macacada*. Viriato Corrêa. São Paulo: Companhia Editora Nacional, 2004.

Alice no País das maravilhas. Lewis Carroll. Adaptação de Cristina Porto da tradução original de Monteiro Lobato. São Paulo: Companhia Editora Nacional, 2005.

Rita Magrela... *Rita, não grita!* Flávia Muniz. São Paulo: Melhoramentos, 2003.

Carolina. Walcyr Carrasco. Série Lazuli infantil. São Paulo: Companhia Editora Nacional, 2005.

Mamãe, você é... *Presente para o papai*. Projeto Pamak. Supervisão: Julieta de Godoy Ladeira.

As cinco bonecas. *Rosa Maria no castelo encantado*. Érico Veríssimo. São Paulo: Companhia das Letrinhas, 2003.

Eu sou pequenino. *Poeta aprendiz*. Carlos Felipe Moisés. Série Lazuli infantil. Companhia Editora Nacional, 2005.

Volta ao mundo em 52 histórias. Neil Philip. São Paulo: Companhia das Letrinhas, 1998.

Carta de amigo. *Tchau*. Lygia Bojunga Nunes. São Paulo: Agir, 2000.

Tigres tristes. *O livro da trava-língua*. Ciça. São Paulo: Nova Fronteira, 1986.

As tartarugas Marion... *O guia dos curiosos*. Marcelo Duarte. São Paulo: Companhia das Letras, 1995.

Para mamãe. Richard e Helen Exley (orgs.) Trad. Eli Gomes Pacheco. Rio de Janeiro: Cedibra, 1981.

Quer saber o que o gemólogo faz.... In: *Ciência Hoje das Crianças*, n° 155. Eliana Pegorim.

Falei com Leninha sobre Lucas... *Manhas comuns*. Mônica Versiani Machado. Belo Horizonte: RHJ, 1990.

BIBLIOGRAFIA

A Fada Mensageira era... *A fada que tinha ideias*. Fernanda Lopes de Almeida. São Paulo: Ática, 2004.

Naquele dia, Marcinho não quis ir à Escola Rural. *O furta-sonos e outras histórias*. Elias José. São Paulo: Atual, 1989.

Lá vem o homem da capa... Quadras ao gosto popular. *Obra poética*. Fernando Pessoa. Rio de Janeiro: José Aguilar, 1972.

Minhoca ou minhoco? In: *Ciência Hoje das Crianças*, nº 66.

Quadrinhos do Hagar.

Festa no brejo. *Obra completa*. Carlos Drummond de Andrade. Rio de Janeiro: Aguilar, 1964.

Sanduíche de atum. *Um tico-tico no fubá – sabores da nossa história*. Dona Benta – comer bem. Gisela Tomanik Berland. São Paulo: Companhia Editora Nacional, 2005.

Infinito amor. *A poesia é uma pulga*. Sylvia Orthof. São Paulo: Atual, 1992.

Naquele dia, Marcinho não quis ir à Escola Rural. *O furta-sonos e outras histórias*. Elias José. São Paulo: Atual, 1989.

Joguei meu chapéu para riba... *Brincando de roda*. Iris Costa Novaes. 3. ed. Rio de Janeiro: Agir, 1994.

A paixão atormentada do rei Sol. *Os oceanos – sonhos, mitos e realidades*. Ana Maria Magalhães e Isabel Alçada. São Paulo: Scipione, 2000.

A bem próxima Era do Gelo. www.iceagenow.com. Acesso em nov. 2005.

Em 3 de agosto de 1492... *Brasil: terra à vista!* A aventura ilustrada do descobrimento. Eduardo Bueno. Porto Alegre: L&PM, 2000.

A menina era quase loira... *Olhos de gude*. Libério Neves. Belo Horizonte: Vigilia, 1984.

Os livros de viagens. *Os oceanos – sonhos, mitos e realidades*. Ana Maria Magalhães e Isabel Alçada. São Paulo: Scipione, 2000.

Menino maluquinho. *O menino maluquinho*. Ziraldo. São Paulo: Melhoramentos, 1998.

Não chovia há muitos... *Fábulas fabulosas*. Millôr Fernandes. Rio de Janeiro: Nórdica, 1991.

Menino procura com urgência.... *Classificados poéticos*. Roseana Murray. Coleção Miguilim. São Paulo: Companhia Editora Nacional, 2004.

As famílias de ariranhas... In: *Ciência Hoje das Crianças*, nº 157. Carolina Ribas e Guilherme Mourão.

BIBLIOGRAFIA

O cão e a carne. Fábula de Esopo.

Leite, pão e mel. *No mundo da lua*. Roseana Murray. Coleção Miguilim. São Paulo: Companhia Editora Nacional, 2004.

Eta Galo! *De três em três, de reis em reis*. Mônica Versiani Machado. Coleção Miguilim. São Paulo: Companhia Editora Nacional, 2004.

Tempo. In: *O Estado de S. Paulo*, 18/04/06.

Quadrinho de Bingo.

Eu sou um mágico... *Rosa Maria no Castelo Encantado*. Eva Furnari & Érico Veríssimo. São Paulo: Companhia das Letrinhas, 2003.

O que é, o que é... *Duas mil adivinhas do Brasil*. Luís Henrique Correa. São Paulo: Nova Alexandria, 2000.

O vaga-lume Tum-tum. *O menino e a nuvem*. André Carvalho. Belo Horizonte: Armazém de Ideias, 1998.

Quadrinhos de Monty.

Natal. *Arca de Noé*. Vinicius de Moraes. São Paulo: Companhia das Letrinhas, 1991.

Gato e rato. In: *Folha de S.Paulo*, 16/04/00.

Grande SP tem pancadas de chuva. In: *Folha de S.Paulo*, 19/02/06.

Os ventos. *Amazonas – água, pássaros, seres e milagres*. Thiago de Mello. Rio de Janeiro: Salamandra, 1998.

Menina apaixonada... *Classificados poéticos*. Roseana Murray. São Paulo: Companhia Editora Nacional, 2004.

Canídeos – os animais e a natureza. *Minha primeira enciclopédia*. São Paulo: FTD, 1997.

A causa da chuva. *Fábulas fabulosas*. Millôr Fernandes. Rio de Janeiro: Nórdica, 1973.

Poema ecológico. In: *Folha de S.Paulo*. Régis Bonvicino, 02/12/84.

O médico. *Artes e ofícios – com falas poéticas*. Roseana Murray. São Paulo: FTD, 1996.

Fotossíntese, dúvida de um sabiá. In: *Ciência hoje das crianças*, nº 153.

Sapo dá sorte? Heloisa Prieto. In: *Folha de S.Paulo*, 26/11/05.

Nessa mata ninguém mata... A dança dos pica-paus. Sidônio Muralha. São Paulo: Global, 1997.

O bom aluno. In: *Ciência Hoje das Crianças*, nº 49. Luís Pimentel.

BIBLIOGRAFIA

O violino. *Uma seleção de contos*. Luiz Vilela. Coleção passelivre. São Paulo: Companhia Editora Nacional, 2005.

O anão. *O circo*. Roseana Murray. Coleção Miguilim. São Paulo: Companhia Editora Nacional, 2004.

O cão. *Amigos do peito*. Cláudio Thebas. São Paulo: Formato Editorial, 1996.

Resenha de livro: *Alice no País das Maravilhas*. Lewis Carroll. Adaptação de Cristina Porto da tradução original de Monteiro Lobato. São Paulo: Companhia Editora Nacional.

Idade da pedra. *Serafina sem rotina*. Cristina Porto. São Paulo: Ática, 1999.

Joãozinho, quem descobriu a América... *O furta-sonos e outras histórias*. Elias José. São Paulo: Atual, 1989.

Será que você consegue dizer... Escamas e escudos – os répteis. Coleção Conhecendo os animais. Mundo da Criança. São Paulo: Companhia Editora Nacional; Editora Delta, 2003.

Não é justo lembrar... In: *Superinteressante*, ano 8, nº 8.

O reizinho mandão. *O reizinho mandão*. Ruth Rocha. São Paulo: Quinteto, 1997.

Encontro entre idosos e crianças em Curitiba. http://voceapita.locaweb.com.br/noticias/visualizanoticia.asp?idn=188

Catapimba. *O piquenique de Catapimba*. Ruth Rocha. São Paulo: FTD, 1999.

Duas mil adivinhas do Brasil. Luís Henrique Correa. São Paulo: Nova Alexandria, 2000.